传递价值

茅台定力

大变革时代的战略密码

张小军 马玥 熊玥伽 著

电子工业出版社
Publishing House of Electronics Industry
北京·BEIJING

未经许可，不得以任何方式复制或抄袭本书之部分或全部内容。
版权所有，侵权必究。

图书在版编目（CIP）数据

茅台定力：大变革时代的战略密码 / 张小军，马玥，熊玥伽著 . —北京：电子工业出版社，2022.12

ISBN 978-7-121-43366-5

Ⅰ. ①茅⋯　Ⅱ. ①张⋯　②马⋯　③熊⋯　Ⅲ. ①茅台酒－企业管理－研究　Ⅳ. ① F426.82

中国版本图书馆 CIP 数据核字（2022）第 208990 号

出版统筹：刘声峰
责任编辑：黄　菲　　文字编辑：王欣怡　刘　甜
印　　刷：天津图文方嘉印刷有限公司
装　　订：天津图文方嘉印刷有限公司
出版发行：电子工业出版社
　　　　　北京市海淀区万寿路 173 信箱　邮编：100036
开　　本：720×1000　1/16　印张：18.25　字数：270 千字
版　　次：2022 年 12 月第 1 版
印　　次：2022 年 12 月第 2 次印刷
定　　价：80.00 元

凡所购买电子工业出版社图书有缺损问题，请向购买书店调换。若书店售缺，请与本社发行部联系，联系及邮购电话：(010) 88254888，88258888。

质量投诉请发邮件至 zlts@phei.com.cn，盗版侵权举报请发邮件至 dbqq@phei.com.cn。

本书咨询联系方式：1024004410（QQ）。

总　序
大历史格局中的中国茅台

生于赤水河畔，源于秦汉，发扬于唐宋，成形于明，繁华于清，盛于当代，这就是中国茅台。穿越历史见证华夏文明演变，历经岁月更迭与经济发展，才有了今天茅台的千年传承、百年跨越、时代使命。

茅台演化于山谷文明，傍山而成，依水而存。川盐入黔后，借助盐道东风，誉遍中国大江南北。1915年，在巴拿马万国博览会上的惊艳亮相，使茅台一举走向世界，成为中国民族品牌的一张名片。此后，中国茅台不断在世界上获得多项殊荣，成为名副其实的世界三大蒸馏名酒之一。

从1951年国营建厂到2021年启动"十四五"规划，茅台从39人到4.3万余名员工，从酿酒烧房成长为现代化企业，从西南一隅走向全球舞台。回看历史，着眼当下，展望未来，以大历史观和世界观来看，茅台是生于斯长于斯的中国茅台，是将中国古老的农业文明带向今天现代文明的标志性案例，是在科技进步推动人类不断向前演进中，依然传承千年工艺、坚守品质

的范本。

我们研究茅台案例,是从中国管理学史的创新发展出发的。在世界范围内,早在20世纪初,美国、日本等国家便有了基于企业实践案例的管理学思想,并持续影响世界。今天,越来越多的中国企业走向世界,并在世界发展大格局中赢得一席之地,我们应该有这样的自信,可以从中国企业实践中抽象总结出经典的管理学思想与发展逻辑。无疑,茅台应该作为这样的范本,得到剖析。

本系列书首次客观、系统地探索茅台为什么成、茅台为什么独特、茅台为什么能等问题。作为头部企业观察者、记录者、研究者,得益于国家的飞速发展,也得益于企业实践的丰富多彩,我们有了更多样化的蓝本,同时,我们始终心存敬畏,坚持真实客观地进行解读,以期完整、系统地还原企业发展的实践与演变。

缘何发起茅台之问

大众对茅台并不陌生,在人们心中,茅台酒是好酒的代名词,茅台是中国民族品牌,茅台文化是中国白酒文化的杰出代表。但为何还要发起茅台之问?皆因大众对茅台往往"知其然不知其所以然",甚至对"茅台是什么"这个问题的答案也并非完全熟知,因此,我们回归知识最初的三个层面,解读"茅台是什么""茅台为什么""茅台怎么样"。

茅台是什么

首先,茅台是一瓶酒,这是它的产品属性,但是这瓶酒代表了中国白酒酿造工艺的最高水平。茅台从历史中走来,带着悠久的记忆。茅台酒的工艺最早可以追溯到两千多年前,从西汉的枸酱到唐代的钩藤酒,再到之后的纯粮酒,原料从最初的水果变成粮食,技艺传承从口口相传到师带徒再到形成理论规范。这一路演进变化,吸纳了许多创新思想、方法,经过了数代酿酒人的传承和精进,才成为中国酿造工艺的高水平代表。

其次,茅台是一家企业,年营收过千亿元。旗下贵州茅台2021年年报显示,公司实现营收1061.9亿元,同比增长11.9%;实现净利润524.6亿元,同比增长12.3%。

最后,茅台是中国白酒领军企业、国际知名白酒品牌,是2021年"BrandZ™最具价值全球品牌100强"排行榜唯一上榜的中国白酒企业,品牌价值达到1093.30亿美元,在世界级烈酒企业中单品销售额高居全球第一,更在2021年首批入选中欧地理标志产品。

茅台为什么

茅台集团党委书记、董事长丁雄军认为,传承好茅台基因,关键在于回答好三个"为什么"——为什么离开茅台镇酿不出茅台酒?为什么茅台酒好喝?为什么茅台酒越陈越香?

丁雄军从茅台的生态、品质和时间密码三个维度回答了

"茅台为什么"。茅台酒的高品质离不开所处的生态环境：赤水河谷独特的微生物环境，造就了酿造茅台酒的15.03平方公里核心产区。同时，茅台酒的高品质也来自对传统工艺的坚守与对质量的把控：一丝不苟、心无旁骛、用心呵护，只为酿造一瓶好酒。独特的生态环境与对高品质的要求，可谓地利人和，再加之酒是时间的产物，是时间的瑰宝，也就有了茅台酒越陈越香的特质。

茅台怎么样

经历70多年的发展，从起步到辉煌，茅台作为一家实业企业、一个民族品牌，历来以国企使命、社会担当为己任。从发展路径来看，茅台不以追逐利润最大化为目标，始终保持自身的定力，稳定增长，这从产能与产量方面便可看出。在社会担当方面，茅台在2009年发布了第一份社会责任报告，到2021年，已经连续发布了13年，这是行业唯一，亦足见其对"责任为王"的坚守。在国企使命方面，无论公益还是社会，抑或环境，茅台在社会公益、脱贫攻坚、生态保护、行业竞合等方面，都体现出了大品牌、大担当的格局与胸怀。

百年风雨，四时更迭，中国企业经历波澜壮阔的社会变迁与时代变革，从落后到追赶，从赶超到跨越，实现了中国商业的进化与崛起。但像茅台这样的企业，能从历史长河中走来，并跟着新中国的号角发展，在足够长的时间内以质为本，把质量当成生命之魂，并不多见。

高质量发展的顶层设计

党的二十大报告强调:"高质量发展是全面建设社会主义现代化国家的首要任务。发展是党执政兴国的第一要务。没有坚实的物质技术基础,就不可能全面建成社会主义现代化强国。必须完整、准确、全面贯彻新发展理念,坚持社会主义市场经济改革方向,坚持高水平对外开放,加快构建以国内大循环为主体、国内国际双循环相互促进的新发展格局。"自党的十九大报告提出"高质量发展"以来,着力推动高质量发展,就被摆在了突出位置。

茅台集团党委书记、董事长丁雄军在2021年9月24日召开的贵州茅台酒股份有限公司2021年第一次临时股东大会上指出:"立足新秩序重塑期、新格局形成期、新改革攻坚期'三期',走好蓝绿白紫红'五线发展道路'[一],按照'聚主业、调结构、强配套、构生态'发展思路,着力把股份公司打造成为世界一流的上市企业。"之后一年时间,茅台从顶层设计上提出坚定不移走好"五线发展道路",出台推进生产高质量发展的实施意见,提出"五匠质量观"、"五合营销法"、构建现代供应链生态圈,高质量发展体系基本成型。

在新时代、新语境下,茅台以高质强企为追求,赋予质量

[一] 五线发展道路是指蓝线、绿线、白线、紫线和红线。蓝线发展是愿景目标,绿线发展是低碳环保,白线发展是改革创新,紫线发展是茅台文化,红线则指环保底线、腐败高压线和安全生命线。

全局意义,丰富质量的内涵。企业发展不仅要确保生产质量,也要提高服务质量、经营质量、管理质量等,只有完善"大质量"管理体系,才能在高质量发展之路上阔步前行。

从"以质量求生存"的文化根源,到"视质量为生命"的文化提升,再到"质量是生命之魂"的文化升华,茅台正在做好质量文化的顶层设计,让"质量是生命之魂"成为新时代引领茅台高质量发展的精神信仰和价值追求。为呵护生命之魂,茅台提出遵循"五匠质量观"(匠心、匠魂、匠术、匠器、匠人),构建"365"质量管理体系,做到"事事都要质量官、处处都有质量官、人人都是质量官",形成时间轴、空间轴和人物轴"三轴"紧扣的质量管理链条。

志之所趋,无远弗届。新体系的构建展现了茅台面向高质量发展的雄心壮志。它将坚守大国企业的时代责任,牢记使命,坚持胸怀天下,坚持开拓创新,不畏风雨艰险,不为干扰所惑,以"咬定青山不放松"的定力创造价值,实现目标。

以高质量发展为中心,茅台形成了清晰的思路,对自身发展战略有着客观认知,从而建立了完整模型,做到有的放矢、精准施策。当然,未来的不确定性始终存在。在科技创新、国际化发展、对标世界一流企业的过程中,茅台需要解决层出不穷的难题。外部环境也不可控,消费时代变迁、市场周期波动,以及类似新冠肺炎疫情、食品安全问题、产业链重构这样的"黑天鹅""灰犀牛"事件,都是茅台随时要面对和抵御的风险。各种不确定性让研究茅台变得更有价值,让人们更加想要了解它如何在"五线发展道路"上行走，以实现预期的高质量发展目标。

生于忧患，死于安乐。企业应常怀远虑，居安思危。茅台将以质量为魂，以消费者为王，以责任为根本，以归零心态拥抱创新，开拓奋进，劈波斩浪，一往无前。

剖析中国商业的样本

2021年是茅台国营建厂70周年，也是贵州茅台上市20周年。

在茅台建厂70年的历程中，这一年是非常短暂的，却有着特殊意义。全球新冠肺炎疫情的发生改变了人们的生产生活方式，在新秩序重塑期、新格局形成期、新改革攻坚期"三期"叠加时代，我们不仅能够触摸茅台的过去，还有幸看到一个快速创新求变、焕发新姿态的茅台。

自中华人民共和国成立至今，从计划经济时代到社会主义市场经济时代，从物资紧缺到消费升级，从百废待兴到成为世界第二大经济体，中国社会经济发生了翻天覆地的变化。茅台亦从作坊到国营酒厂，再成长为年营收过千亿元的白酒行业领军企业，经历了从奠基立业到改革兴业，再从转型大业到高质强业的四个阶段。毫无疑问，在中国经济波澜壮阔的发展历程中，茅台演绎了精彩的故事。其中，既有产能破百吨、千吨、万吨的艰难挑战，也有年营收突破百亿元、千亿元的高光时刻，还有不断创新高的市值，以及从1个主品牌到"1+3+N"的

品牌版图进阶。

作为国营酒厂,茅台是国家轻工业发展的实践者、亲历者;在市场经济时代,茅台的发展是中国经济发展的缩影;身为白酒行业领军者,茅台为行业贡献了大量宝贵经验;作为高质量发展的品牌标杆和范本,茅台走在时代的前列。研究中国企业,一定离不开对茅台的研究。从商业角度剖析茅台,就是从一个最重要的样本角度记录中国企业的发展史。

考拉看看一直以记录为己任,认为从商业的视角来洞察、解读历史,是为了更好地走向未来。真实客观地解读茅台,可以为人们研究中国企业、研究中国白酒行业、研究茅台提供素材,可以让后人理解茅台在过去是如何创造奇迹的,也可以让更多人期待茅台的明天。

因此,在2020年,我们调研创作了《这就是茅台》,以全局视角洞见茅台,全景式解读茅台的成长逻辑。与此同步,团队从战略、文化、品牌、科技、管理及产品等多角度着手,更深入地挖掘茅台价值,揭开千亿企业的面纱。对于一个有着70余年历程、4万多名员工、年营收超千亿元的企业而言,只有从不同角度进行展现和剖析,才能让它更清晰、更立体,也更真实。

凝结茅台"五力"

站在大历史观角度看今日的茅台,考拉看看头部企业研究中心试图挖掘茅台这一标杆背后的商业逻辑,从时间维度、战略维度、管理维度、文化维度、业务维度出发，概括出茅台所具备的稳健、继承式创新、顺天应时、价值创造、稀缺性、高壁垒等多种特质，最终提炼出了茅台高质量发展的五大核心力量——工匠力、创造力、定力、美誉力、文化力，它们共同托起了茅台的理想和希望。

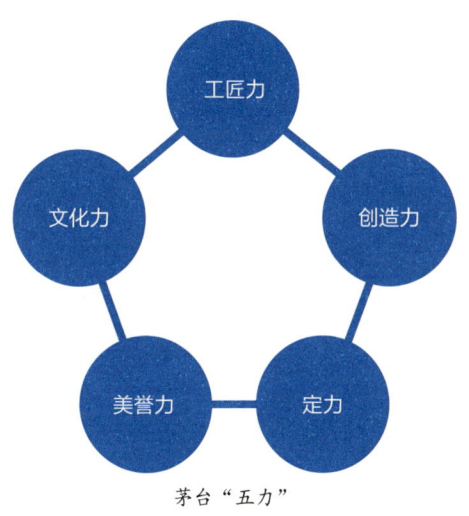

茅台"五力"

工匠力：工匠力是茅台行走于高品质之路的强大动力，呈立体攀升的态势。人、尺度和持续性是其立体化的重要支撑。这种力量具有不可复制的特性，从时空融合到人工技艺，都是时间、空间、人共同打造的独特集合。茅台工匠力不仅是产品品质的重要支撑，也是和大国工匠力可堪比拟的力量。工匠力持续积累、爆发，推动茅台的成长，使其成为大国工匠的先行者，并将助力茅台创造更辉煌的未来。

创造力：创新是指创造新的事物、方法，并能获得一定效

果的行为。而创造，则是包含创新含义的更大范围的概念，它是企业有意识的、主动的行为。在创造力的作用下，茅台自信满满、活力四射，通过极具智慧的思考、巧妙的方法、勤劳的双手，不断迎接挑战、解决问题，实现跨越式发展，开创行业先河，并为社会贡献力量。创造力是茅台的内生动力，塑造了茅台的今天，并将带领茅台拥抱未来。

定力：《无量寿经》卷下记载："定力、慧力、多闻之力。"其中，定力意味着注心一境，不散乱，有极强的意志之力。茅台的定力来自茅台对国家的热爱、对使命的坚定追求、对行业深刻的认识与洞察、对产品的信仰与情怀、对市场的敬畏、对消费者的尊重与善待。正是这样的力量，让茅台能够在历史长河中坚守正道，抵抗诱惑，抵御风险，历经苦难，迎来今天的成就。

美誉力：美誉力是企业产品、服务、营销、文化及品牌等因素的综合体现，它有双向生长的路径。内生的力量能构建茅台品牌生长路径，深入品质特性，展现品牌性格，彰显企业风范。外生的力量形成于外部环境中，来自消费者、经销商、供应商及其他社会群体的正向反馈。美誉力对于企业品牌占领用户心智、树立行业自信、开拓全球市场、传播中国文化有着驱动作用。这种看不见的力量让茅台美誉持续绽放，提升市场竞争力，筑造抗风险的坚固城墙。

文化力：由茅台文化投射出的茅台文化力，是基于茅台文化内涵的一种张力，是价值观和秩序的重建能力。对于茅台内部而言，它构建了企业的内部凝聚力和发展力；对于消费者而言，它重新定义了一瓶好酒的价值。对于行业而言，它重构了行业的格局和秩序。从微观来看，文化是助推茅台成功的关键力量，茅台成功的一个决定性因素就在于对文化的深度挖掘与融合。从宏观来看，茅台文化力折射出了中国文化复兴的光辉，亦是白酒文化的代表性力量。

基于此，我们将茅台"五力"凝聚为五部作品，即《茅台工匠力》《茅台创造力》《茅台定力》《茅台美誉力》《茅台文化力》，融合商业、文化、社会学及品牌等视角，通过模型构建，用场景化、主题式、切片式的方式，对每一种力量进行阐释，研究其形成的原因、赋能企业发展的路径及未来发展方向。

站在"两个一百年"奋斗目标的历史交汇点，征途漫漫，唯有奋斗。站在茅台建厂70周年的新起点，面对未来的无人之境，无限风光在险峰，唯有前行，不负韶光。在新征程上，我们期待茅台继续埋头苦干、自我革新、勇毅前行，创造更辉煌的未来。我们更相信，以茅台为代表的高质量发展样本企业，一定能够不负使命、攻坚克难，迎来更伟大的胜利和荣耀。

时光总是向前，奋斗永不停歇。循梦而行，向阳而生，所有美好，终将绽放。欢迎读者与我们交流，我们的电子邮箱是：5256100@qq.com。

张小军　马　玥　熊玥伽

2022年11月1日

特别说明：

每一个汉字都承载着特定的文化信息，具有丰富的文化内涵，"茅台"这个词在本书的写作中，除非有特定语境，均为茅台集团或茅台酒的简称，具体理解与描述语境相关。在本书中，中国贵州茅台酒厂（集团）有限责任公司简称茅台集团，贵州茅台酒股份有限公司简称贵州茅台，贵州茅台酒厂（集团）习酒有限责任公司（2022年9月9日，贵州习酒投资控股集团有限责任公司揭牌）简称习酒，其他涉及茅台集团的分公司、子公司，本书尽量采用类似的简称进行描述。

前　言
时与势的思考：茅台为什么能

茅台之成源于定力

200多年前，在云贵总督张广泗的带领下，仁怀迎来了历史上最有名的盐运航道疏通工程——赤水河疏通工程。该工程优化了赤水河的航运条件，为茅台镇带来了崭新的发展机遇。以此为节点，赤水河道上盐船往来繁盛，商贾与民夫之间的往来也络绎不绝，造就了"蜀盐走贵州，秦商聚茅台"的盛大景象，茅台镇一跃成为黔北四大繁华集镇之一。

茅台具有悠久的酿造历史，交通条件改善后，茅台酒有机会从赤水河畔的小山谷，跟随赤水河逐渐"流"向全国各地。"村店人声沸，茅台一宿过。家唯储酒卖，船只载盐多。""茅台酒，仁怀城西茅台村制酒，黔省称第一。"诸如此类形容酒业鼎盛的语句频繁在书中出现。

谁也未曾料到，一罐赤水河畔河谷小镇的地方酒，能够代表中国白酒走向世界，发出耀眼夺目的光芒。

在1915年举办的巴拿马万国博览会上,茅台酒从世界各地的优秀酒类展品中脱颖而出,一举获得金奖,品牌声势迅速"引爆"国内外酒类行业和市场。中华人民共和国成立后,仁怀县税务局兼专卖局负责人王善斋主持赎买成义烧房,并在此基础上成立贵州省专卖事业公司仁怀茅台酒厂。随后,茅台酒厂又先后收购了荣和烧房和恒兴烧房。1953年2月,三家私营烧房全部合并至贵州省专卖事业管理局仁怀茅台酒厂。在物资匮乏、生产设备落后、酿酒工艺壁垒高筑的情况下,茅台酒厂开启了浩浩汤汤的创业史。

对历史最好的纪念,就是创造新的历史。虽在艰难中起步,但在国家政策的引导之下,茅台的经营逐渐步入正轨,工艺的不断规范让茅台在产量与质量方面不断突破。虽经历过特殊年代,但茅台不间断地对茅台酒传统的酿造工艺进行全面、系统的挖掘和总结,探索茅台酒在酿造过程中的生产规律,为提高茅台酒质量、稳定发展打下了良好的基础。

改革开放后,搭上国家发展快车的茅台,在"解放思想、抓住机遇、锐意改革、开拓创新"的理念指导下不断与市场磨合,最终实现了从计划到市场的体制转轨,为茅台此后的纵深发展,奠定了强劲的市场核心竞争力基础,为抢占市场先机埋下了伏笔。

茅台的创业史虽磕磕绊绊,但整体呈上升态势。时至今日,由三座简陋烧房整合而成的茅台酒厂,已真正跻身全球烈酒行业前列,茅台酒成为名副其实的"世界三大蒸馏名酒"之一。

2019年，茅台一举实现了"三大历史性突破"：在营收上，茅台集团成为中国白酒行业首家年营收突破千亿元的企业，推动整个中国白酒行业步入新纪元；在市值上，贵州茅台市值突破万亿元；在股价上，贵州茅台已经突破千元。2021年，茅台在多个指标上不断刷新以往成就，创造了业界奇迹。无论产能、产量、销售额、利润、利税总额，还是市值、品牌价值、市场占有率、美誉度，均达到了前所未有的高度。

成就，让茅台备受瞩目。但相比于现有的成就，行业内外人士更好奇的是：茅台为什么能达成现有成就？为什么这家与时代同呼吸、与国家共命运的企业能够在危难时刻战胜困难，保持基业长青？为什么这家规模如此庞大的企业，在面对未知世界之时，能够时刻保持清醒，释放出强大的生命力？

通过研究与分析，我们认为，茅台在创业征途中展现出的行为，源于其"内心深处"的坚定，即茅台的定力。"定力"来自佛教用语，有两层含义：一为伏除烦恼妄想的禅定之力，二为处变时把握自己的意志力。《无量寿经》中也有关于定力的记载："定力、慧力、多闻之力。"其中的"定力"意味着注心一境，不散乱，有极强的意志之力。只有具备定力，人才能正念坚固，如净水无波，不随物流，不为境转。

人们通常认为，茅台定力是坚持酿造好酒、坚守主业等优秀品质。我们打破表层"滤镜"向纵深探究，发现茅台的定力不只是简单的行为表现或者单一的精神概念，而是精神驱动行为的聚合体。它以明确的界限作为行为标准，透过在变动的环

境中做出的行为，表现为具有稳定性、持续性的精神内核。其最终呈现出来的结果，是茅台外部的整体形象与内部的"性格特质"。

茅台定力"地壳剖面"模型

为直观体现茅台定力，考拉看看头部企业研究中心建立了"地壳剖面"模型（见下图），以由内而外地梳理茅台定力的构成。

显现层（定力的最终呈现）
- 行为"定"势 + 多重精神"力" = 定力
- 从定力起始点出发，严格按照定力衡准线划定方向，在变动的环境当中，始终呈现出的状态恒定和多重精神力合集，就是茅台定力的最终呈现
- 茅台定力呈现出茅台的整体形象和"性格特质"

外核层（定力衡准线）
- 永恒不变定力核心是**定力衡准线**，定力的"定"之所在
- 行为层面表现为——坚守、长期主义、稳健、认同、共生、担当
- 精神层面表现为——坚守力、执行力、自控力、凝聚力、生命力、责任力

比对层（定力范围值）
- "变动恒定"互为参照系，只有在变动的环境中，才能显现恒定所在，变动的环境参照就是定力范围值
- 行为层面表现为——茅台在变动环境中的持续恒定
- 精神层面表现为——对使命的坚定追求、对国家的热爱、对行业的认识与洞察、对产品的信仰与情怀、对市场的敬畏与尊重、对质量的笃定和坚守

内核层（定力起始点）
- 定力"发出者"是定力的起点，茅台个体是茅台**定力的起始点**
- 行为层面体现为——茅台是行为的发出者
- 精神层面体现为——茅台的意志力

茅台定力"地壳剖面"模型

首先是内核层，也就是定力的起点。对于茅台这样一个独立的主体，就行为层面而言，起点是行为的发出者；就精神层

面而言，起点是极强的意志力。

其次是外核层，即定力的衡准线。茅台定力的衡准线，是恒定不变的行为标准和精神逻辑。在行为层面，茅台表现出了坚守、长期主义、稳健、认同、共生、担当；在精神层面，茅台表现出了坚守力、执行力、自控力、凝聚力、生命力与责任力。

再次是比对层，茅台定力是否存在，需要在相应参照系中对比论证，因为只有在变动的环境中，才能确定茅台是否体现出了恒定性。在此层级的行为层面，茅台的表现是在变动的环境中持续恒定；在精神层面，茅台的表现是对使命的坚定追求、对国家的热爱、对行业的认识与洞察、对产品的信仰与情怀、对市场的敬畏与尊重、对质量的笃定和坚守。

最后是显现层，即茅台定力最终呈现的结果，是行为之"定"与精神之"力"的结合，体现出了茅台的整体形象与"性格特质"。

正是这样的组合，茅台才能以今日之我胜昨日之我。在定力指引之下，茅台在发展过程中采取了正确的战略。

追溯茅台定力历程

在成立初期，茅台始终以如何恢复高效酿造生产为目标，紧紧围绕工艺规范与科技再造的战略，逐渐形成以质量为中心的发展基调。

在"七五"至"十一五"期间,茅台迎来新发展时期,采取多种方式聚力扩改建,适应市场化。在"调整、改革、整顿、提高"八字方针的指导下,茅台遵循"以提高产品质量为重点,以经济效益为中心"的原则进行经营管理改革。1985年,茅台加快改革步伐,将"发展才是硬道理"作为思想理论指导,对茅台酒厂进行规划。把握住历史发展大势,主动拥抱市场,由"坐商"转变为"行商"。2001年,贵州茅台成功上市,无论在产量、质量方面,还是在营收规模与效益规模方面,都呈现出持续向好的发展趋势。

在"十一五"至"十三五"期间,茅台直面市场狂潮。为创造未来新势能,茅台在"十一五"期间大力开展技改项目,并以履行社会责任为初心,在公益事业中辛勤奉献。在"十二五"至"十三五"期间,茅台不断在市场营销与产品结构方面下功夫,全力向千亿元年营收目标冲刺,跃入国际烈酒行业第一梯队。

如今,茅台"十四五"战略发展规划在整个运转体系当中铺展开来,在高质量的发展道路上,茅台将秉承坚定的信仰、磐石般的信念与必胜的信心,冲进"世界500强"。

茅台为什么能?其发展逻辑皆由茅台定力所指导,读懂茅台定力,就是读懂中国白酒行业的发展密码。

目　录

01 茅台定力是什么

- 如何理解茅台定力　003
- 穿越周期的战略选择　036

02 茅台定力的追本溯源

- 深厚悠久的酿造历史　051
- 茅台人的精神品格　055
- 与国家同向同行　061
- 行业调整中的茅台定力　070

03 茅台的定力靶向

- 茅台战略拆解　107
- 以质求存：质量是生命之魂　131

XXI

茅台定力

- 产品建设：大单品到集群　160
- 价格定力：行业规范标尺　179
- 市场导向：为消费者服务　196
- 茅台文化：一以贯之的精神旗帜　209

04　寻找未来的确定性

- 新发展格局下的茅台　229
- 中国白酒产业周期新阶段　239
- 打造世界一流产区　251

后记　茅台能应对未来的挑战吗　264

XXII

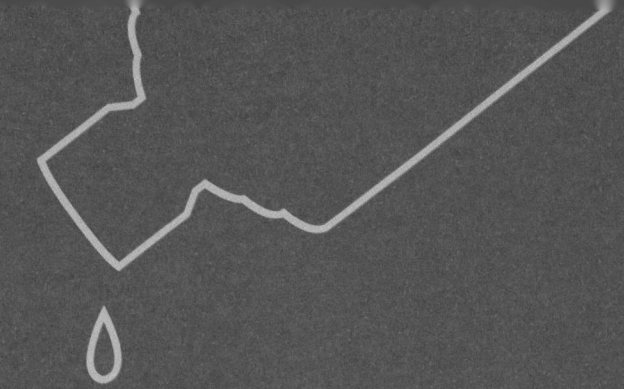

01
茅台定力
是什么

从茅台定力的"地壳剖面"模型可以看到，茅台定力是一个由内向外、渐次丰满的过程，从内核出发，层层向外显现的精神统一体，才是完整的茅台定力。

本章围绕茅台定力展开论述。首先从茅台出发，向内寻找茅台给自己界定的六个发展脉络和行为准则，这六个定力衡准线，也分别对应茅台展现的坚守力、执行力、自控力、凝聚力、生命力、责任力，它们是茅台定力的内核。

其次，从外部视角切入，体现茅台在客观环境变化中，如何保持定力，并呈现其"性格特质"，展现其对品牌使命的追求和坚定，对国家的热爱与信念，对行业深刻的认识与洞察等多个维度的精神力，论证多种力量集聚构成了内外联结的完整茅台定力。

如何理解茅台定力

坚守

全球著名管理学大师汤姆·彼得斯在《追求卓越》中提及企业要坚守根本，机会总是更偏向于理智且固守自身熟悉业务的公司。放眼全球，可口可乐、宝洁、通用电气等百年企业均坚守在专业领域内将业务做精做大。对于中国企业而言，想要继往开来，持续焕发强劲的市场竞争力，又何尝不是在"迷雾"中认清目标、坚守初心，在市场周期更迭的磨砺中不断成长呢？

当一些企业奔向风口时，另一些企业看到坚守带来的利好，意识到"坚守"与"保守"并不相同。相较于"保守"的谨慎，"坚守"有更明确的导向，能帮助我们在纷繁的世事中，以"咬定青山不放松"的信念，保持自身战略定力，明确地回答我是谁，我是做什么的，我应该走哪一条路。

茅台的坚守堪称教科书级别的存在。坚守主业、坚守质

茅台定力

量、坚守工艺、坚守诚信等既是茅台的定力衡准线之一，也是茅台定力的"定"之所在，集中体现为在时代的大潮流大节奏下，不忘自身的小浪潮小节奏，并在其中不断提升核心竞争力，保持长盛不衰，实现营收从百亿元到千亿元的跨越。

坚守主业是茅台最强大的定力之一。自成立之日起，茅台始终聚焦白酒行业，酿造一瓶好酒是其最大的使命之一。纵观茅台的历年战略规划，它的确在践行此使命。在战略规划的制定中，"酒"类业务始终是其战略发展的核心，即使拓展多元化新业务，也以辅助酒业为主。

"十二五"期间，中国白酒行业经历了深刻的调整，在绝大多数酒企转战他业力求触底复苏时，茅台没有选择"捷径"，而是克服重重困难，立足高质量生产且不断优化产品结构，发展与弘扬白酒文化，最终带领贵州白酒产业跃居全省五张名片之首，其利润与市值甚至超过国际酒业巨头保乐力加。"十三五"期间，茅台提出要做足酒文章，做精主业，明确表示酒业是茅台安身立命的基础和实现可持续发展的动力，一切新业务的拓展都围绕"酒"字而展开。正是对企业布局目标的明确划定和对主业数年恒一的坚守，茅台才跃升为千亿元级企业，一举超过全球最大洋酒公司帝亚吉欧，成为全球市值最高的烈酒企业。"十四五"时期，茅台将锁定"双翻番、双巩固、双打造"的战略目标，以主业为主要发展动力，并做好相关的配套设施，全力推动茅台进军"世界500强"。

茅台对原有产业潜力的充分挖掘，让一线工人能够专注于生产，并在此过程中逐渐形成一套内在逻辑，助力茅台将主业做强，进而展现出茅台面对诱惑坦然处之，面对困境咬牙坚持的"性格特质"。正如汤姆·彼得斯所言："坚持本业的企业通常比较可能缔造出卓越的业绩。"㊀

坚守质量，是茅台发展的生命之魂。"不论发生何事，都不能以牺牲质量为代价。"这是茅台人使用最高频的语句之一。无数酿造者以工作时间、劳动强度、精耕细作来保障质量，力争做好每一个细节，把好每一个关口，让消费者永远可以相信茅台酒。

斗转星移，沧海桑田。由三家传统的酿造烧房整合而成的茅台已成为一家国际化企业。万物在变，不变的只有更严格的质量体系与质量把控。其酿造技艺从师徒体系的口传心授，发展成了20世纪后期成体系的统一工艺操作准则，如今的茅台正以大质量视角，构建更系统的全产业链质量管控体系，将原料供应、生产管理、后勤保障、市场服务等各环节囊括其中，以业界最为严苛的质量管控标准进行把关，形成一张高标准的质量管控网络。"视质量为生命"既是前辈留下的宝贵财富，也是茅台高质量发展之基。

坚守工艺是茅台安身立命的基石。就生产周期而言，茅台遵循四时变化进行酿酒，严格按照时节进行纯天然发酵制酒，以"年"为生产周期单位进行运转。除去生产周期的一年，还

㊀ 汤姆·彼得斯. 追求卓越[M]. 胡玮珊，译. 北京：中信出版社，2012.

茅台定力

需经过四年的贮存、勾兑才可面世。就工艺流程而言，从制曲、制酒、贮存、勾兑，再到包装，每一个环节都将匠人之心展现得淋漓尽致。尽管人工智能时代已经来临，但茅台坚持人工酿造，让每一滴酒都更有"温度"。如此不计繁复、高质为本的定力坚守，让茅台"与众不同"。

知其然且知其所以然，茅台的工艺在前人的基础上不断发展。"三高工艺"让茅台的曲块形成以耐高温产香细菌为主的特殊微生物体系，让酒醅的香味物质更加丰富；对低沸点挥发性物质的剔除及高沸点物质的有效提取，让茅台酒的品质更为上乘，人们饮用后体验感更为良好。"长期贮存"让酒内的香味物质交互作用，使酒体醇厚丰满、回味悠长。每一瓶茅台酒都是"时间的玫瑰"，"精心勾兑"是茅台酒技术与艺术的结晶，让茅台酒形成酱香突出、酒体醇厚、幽雅细腻等典型风格。技术的保驾护航，让茅台酒的工艺得到提升与突破，而所有的成果都呈现在晶透的酒体中，赋予了茅台酒更丰盈的价值和意义。

坚守诚信是茅台风靡市场的性格旗帜，诚信推介、社会责任、言而有信，是茅台人一贯的选择。因此，诚信是茅台企业文化中最重要的一部分。

茅台诚信的基因灌注在整个产业关联网中，上至供给酿造原料的种植农户，下至负责产品销售与品牌维护的经销商。在上游原料种植方面，茅台制定了严苛的标准以规范农户的种植与验收，这不仅体现了茅台保持高效高质产出的决心，也是茅台多年占据行业高地的原因之一。在经销商方面，茅台与经销商携手，历经几番起落，"一荣俱荣，一损俱损"。或许得益于强者之间的惺惺相惜，茅台凭借其强势的品牌，招揽了国内经济实力较强、诚信度较高、业务能力超群的经销商，而精干的经销商队伍也为茅台开拓了更广阔的市场，不卖假酒、诚信经营、捍卫茅台一直是经销商的誓言。

诚信熔铸在与茅台有关的每一个支系，以及上游与下游之间的每一个环节、每一个岗位中。经过几十年的发展，茅台建立了完善的社会诚信体系。为历史负责，为国家负责，成为茅台的发展准则。

坚守，是茅台的定力所在。它让茅台能够在"大浪潮"的推动下提升自己的核心竞争力，让茅台能够在"风口"中成为凤毛麟角般的存在。

长期主义

与短期主义追求速成效应不同，长期主义是坚持不懈地做某件正确而困难的事情，最后因边际成本越来越小而获得"增值"的过程。正如罗永浩所言，普通人的努力，在长期主义的复利（作用）下，会积累成奇迹。时间帮助了他们，他们也成为时间的朋友。

企业的长期主义在周期波动中的体现是，企业能保持定力，不为眼前的利益所动，始终做好长久的打算。凡是保持长期主义价值观的企业，发展前景都较清晰，并有一套万变不离

其宗的理论做指导，能够穿越小周期，看透大周期。在我国白酒行业中，茅台的长期主义是一典型存在。

茅台酒厂成立以来一直深耕白酒行业，具有长远战略意识，始终坚持正确决策，避免了短期快投资、快回报的产业发展模式。

各个行业的市场竞争都符合"二八定律"，头部品牌占据大部分资源、市场份额与利润。茅台深谙其道，在经营中坚信只有把企业、品牌、渠道、销售队伍与消费者做"老"才能被消费者选择，始终在行业领域占据竞争优势，掌握更具导向价值的话语权。从经营的角度来说，只要做深专业，掌握核心经营价值，并锻造不可替代的核心竞争力，企业就能具备超强的抗风险能力。茅台就是如此。

作为一家酒企，茅台历年的战略始终围绕"酒"来展开，不论内外部环境艰难与否，它始终没有脱离主业发展的轨道，始终不断在主业上进行尝试与突破，以创造更多可能性。

长久以来，茅台凭借53度飞天茅台酒从激烈的市场竞争中突围，建立了辨识度极高的企业产品符号。但在精攻主业的道路上，茅台并未沉浸于53度飞天茅台酒的"荣光"中。在消费市场结构性扩容过程中，茅台致力于架设以"一品为主，多品开发"战略为导向的多品类产品矩阵，将不同产品投放市场并发挥品牌优势，与"大单品"53度飞天茅台酒效应交相辉映，共同充盈茅台的产品结构版图。在烈酒领域之外，茅台还在葡萄酒、蓝莓酒等红酒领域开展了创新性尝试。

例如，在红酒板块，茅台的产业布局始于2002年。在有"中国酿酒葡萄之乡"和"中国干红城"之称的河北省昌黎县，茅台组织成立了贵州茅台酒厂（集团）昌黎葡萄酒业有限公司。沿袭茅台"酿造高品位生活"的理念，茅台葡萄酒以"茅台干红红天下，国酒风采彩五洲"为目标，引进了法国、意大利等国家的先进生产设备，并采用国际优良的酿酒葡萄为原料，加之精湛的酿酒技术，使茅台葡萄酒的品质得到持久的保障。

创立初期，茅台葡萄酒也面临着市场拓展的问题：缺乏完善的营销渠道且营销渠道主要依靠搭建的方式拓展。随着茅台的战略引导，以及茅台葡萄酒公司在营销渠道方面的深耕，其直营店开始分布全国各地。互联网时代的来临，也让公司搭建了更通畅的网络营销渠道。2021年，茅台葡萄酒公司实现了营收、利润指标双提高的总体目标，销售收入同步增长91.8%，销售利润翻了一番。㊀

凭借优良的品质与品牌，以及葡萄酒系列产品的开发，茅台葡萄酒公司荣膺"中国葡萄酒市场风云品牌"、第27届比利时布鲁塞尔国际葡萄酒大奖赛金奖、2020秋季FIWA法国国际葡萄酒大奖赛中国区金奖、2021春季FIWA法国国际葡萄酒大奖赛金奖等众多奖项。

在葡萄酒方面的成功尝试，让茅台的"酒事业"发展前路拥有了更多可能性。茅台集团旗下的生态农业公司推出的悠蜜

㊀ 赵述评，瞿枫瑞. 否认蹭飞天热度 茅台葡萄酒底气足不足[N]. 北京商报，2022-03-22.

蓝莓酒就是其一。现阶段，传统白酒对年轻人的吸引力正在被酒业市场崛起的后起之秀瓜分，为适应年轻化、时尚化的酒类消费环境，茅台不断强化小品类与新品类的研发，推出了贴近年轻人市场的差异化酒品悠蜜。悠蜜蓝莓酒的前期发展是凭借茅台酒的品牌"东风"和销售渠道来扩大自身的影响力，再逐步脱离"本家"建立自有渠道的。如今，悠蜜蓝莓酒的市场前景广阔，具有极高的潜力和挖掘价值。

除了丰富产品种类矩阵，茅台还不断在烈酒方面深耕，不仅以一贯的高质量产品赢得消费市场的广泛青睐，还不断充盈自身的品牌价值体系，加强与消费者的精神文化联结，让消费者真正爱上茅台产品及其品牌。

把整个时间线拉长来看，茅台始终在酒天地中做大、做强，哪怕其间有过失败，茅台也坚守赛道并与挫折共处，通过一次次实验与创造，不断加强核心竞争力并扩大市场份额。所以，当白酒行业数次进入调整期时，茅台均能够准确把握市场变革方向并迅速做出相应的调整，将行业变革机遇牢牢把握在自己手中，这也是茅台长期主义的优势所在。

整个白酒行业中不乏酒企被市场牵引的案例，它们陷入"机会导向"的陷阱，进而导致战略偏离，即脱离主业，盲目信奉多元化，削弱了核心竞争力。

茅台是在长期主义的复利作用下积累而成的奇迹。不少酒企也借鉴茅台的成功经验，重新塑造品牌形象。毕竟，只有把时间线拉长，人们才能够在不确定的时间里，找到确定的答案。

认同

员工对企业的认可度已经成为一家企业核心竞争力的重要组成部分。企业通过加强文化建设来增强员工的认同感，进一步激发员工的价值创造力。不同企业的员工在工作中，因企业文化感召的不同呈现出截然不同的行事风格和专业态度，而企业之所以能在市场上形成调性统一的企业文化氛围，是因为员工深度认同所处企业的文化和价值观。这种认同能够让员工拧成一股绳，与企业同向而行，形成一种定力。

在茅台，员工之间已经形成维护企业形象的默契。在与茅台员工接触的过程中，人们能强烈地感受到每位员工对茅台发自内心的关注和爱护，及其自然流露出的"茅台是我家"的思想。为了维系好"大家庭"，众人默默坚守岗位，把好手中的关卡。一位基层员工说："我们比任何人都更关注茅台，因为茅台是我们的全部。"内部具有如此强的员工凝聚力，对于茅台这般体量的企业而言十分宝贵。

质量是茅台赖以生存的根基之一，为茅台构建起他人难以逾越的"护城河"。为了保证质量，茅台员工达成高度一致的共识，即"崇本守道、坚守工艺、贮足陈酿、不卖新酒"。

在茅台，一切以牺牲质量为代价的行为都会被制止。进

茅台定力

入工业化时代之后，时代的齿轮运转得越来越快，各行各业都在以更快的节奏发展，以实现更高效的产出。我国白酒产业也在国民经济快速发展和人民生活水平不断提高的背景下经历过"效益狂潮"阶段，不少酒企为满足市场需求纷纷想方设法提高白酒的产量，而茅台继承顺应天时的工艺传统，讲究生产的季节性，遵守端午踩曲、重阳下沙的古法，坚持一年一个生产周期。

"不卖新酒"亦是所有茅台人达成质量共识的体现。市场上流转的茅台酒，都是历经五年的"沉淀"才面世的"老酒"。由于工艺上的要求，茅台制酒的生产周期就需要一年。刚刚蒸出的基酒不够醇且香味相对单调，因此必须进入贮存环节。在贮存环节中，茅台需要对白酒分型定级，并在存放一年后进行盘勾。之后再存放两年，进行小型勾兑、大型勾兑，再送至酒库中存放一年，才能包装出厂。在五年的时间里，陶坛中的茅台酒不断沉淀，加之勾兑师艺术般的"创作"，将几十种甚至上百种基酒，按照不同的比例勾调，进而形成茅台酒独特的风味，酱香突出、幽雅细腻、酒体醇厚。

正是因为员工认同茅台酒的质量，他们才能够自豪地说："以质求存。不是我吹，你喝一喝就知道，我们的酒真的很好。"对茅台质量理念的认同，仅仅是茅台人所呈现出的企业文化认同感之一。

员工对企业的认同感并非朝夕就能形成，四万余人如何做到整齐划一？

茅台大多数员工是本地人。早期茅台酒厂在扩建之时征用了周边农民的耕地，为解决地方民生问题，茅台向他们提供了更具可持续性的工作岗位。茅台内部还有不少"茅二代"，他们从小在父母的影响下，对茅台产生了深厚的情感。同时，许多本地人在大学毕业后，更愿意选择在茅台工作。因此，本土化结构为茅台打下了"家文化"的基础，茅台是家乡的"一棵大树"。这些本地员工见证了这棵大树生长、繁盛及带动一方产业的历程，因此，他们视茅台发展为家族兴旺的保障。

随着茅台的开放，员工从"五湖四海"汇聚于此，作为"异乡人"，即便过去生产、生活条件艰苦，他们仍旧被当地的人文风情吸引，最终克服困难，坚守在茅台。如今，他们听见"爱我茅台，为国争光"，亦会内心激情涌动，流露出自豪之感。

归根结底，茅台始终在做正确的事情，并且持续时间很长，影响范围很广。老一辈茅台人砥砺奋进，奉献一生，他们身上展现了茅台不变的坚守和风骨，高度一致的文化认同浸润着这片土壤并不断塑造着茅台的"性格特质"，持续影响着加入茅台的"新鲜血液"。资源是会枯竭的，只有文化才能生生不息。茅台文化经过一代代茅台人的吸纳、传承和发扬，不断显现出更加聚合的企业精神、更加深厚的企业文化认同感和更强劲的企业发展内核力。

内生的文化动力往往让企业拥有难以撼动的人才基石。企业是由人组成的，其定力来自人。群体认同让身在其中的人拥有共同的奋斗目标，心往一处想，聚集起坚不可摧的力量，并

通过不同的方式来达成愿望。

稳健

当下已进入VUCA[一]时代，企业在经营管理中面临更多的易变性、不确定性、复杂性与模糊性，拥抱变化已成为企业常态。在VUCA时代，企业需要根据内外环境变化握好战略的"方向盘"，确保在正确的轨道上前行。诸多实践证明，没有稳健经营态势的企业易迷失方向，在面对风险时往往会不堪一击。这也许是某些具有"获利能力"的企业在艰难挣扎，而某些亏损的企业仍然能够持续经营的原因。持续的盈利能力是企业价值的重要体现，而灵活的资源调配能力则是企业持续经营的保障，这就是企业稳健增长的能力。

茅台的发展态势一直给人"稳中求进"的印象，不论内外部环境如何变化，它始终稳健地行走在自己的轨道与节奏中。因此，稳健也是它定力的表现之一。

当大量机会涌入市场时，茅台没有跟风，而是在主业的道路上稳扎稳打；当茅台酒在市场上供不应求且面临着巨大的营收缺口时，茅台立足自身合理规划，根据阶段性目标适当满足市场需求，以保证公司核心竞争力不被削弱；在扩张相关项目时，茅台以理性的态度对项目进行充分论证，比如扩产项目是

[一] VUCA：volatility（易变性），uncertainty（不确定性），complexity（复杂），ambiguity（模糊性）的缩写。

否在环境承载能力范围以内……

茅台高层谈及茅台的稳健发展时，以车在高速公路上行驶进行类比：驾车速度时快时慢，车辆油耗反而更多，而匀速驾车，不仅车辆油耗更少，还能降低车辆在高速公路上遭遇风险的概率。正是因为茅台实行稳健经营的策略，不论在市场、产量、营收方面，还是在品牌价值、股市等方面，它才能够交出一份可持续发展的成绩单。

在扩产过程中，稳健是茅台的一大特征。长期以来，茅台产能的扩张以固定系数有序增长。从2001年至2019年，茅台酒产量增长超10倍，同时，茅台的业绩增长也保持着稳健态势，其营收增长速度保持在23.65%左右的年平均水平。[1]

在市场上，茅台也展现了稳健的一面。

从营销和渠道面来看，茅台早在2004年就已经在探索建立以专卖店、区域总经销商和特约经销商为主的复合营销模式。2011年，茅台投资两亿元，在全国建立了13家自营公司，并于同年宣布将陆续在各省注册茅台自营公司，逐步加大自营比重。[2]2019年，经过一系列经销商改革后，茅台的自营比重再次上升。2020年，茅台与华润万家、大润发、京东商城、天猫商城等33家区域KA（Key Account，重要客户）卖场或零售电商

---

[1] 张小军,马玥,熊玥伽.这就是茅台[M].北京：机械工业出版社,2021.

[2] 邢琛.直营店：茅台与经销商的博弈筹码[J].酒世界,2012（04）：26-27.

建立合作关系，将茅台自营渠道服务商增至33家。从首批3家商超入围到如今的33家，茅台用时仅仅1年。㊀

渐进调整市场营销渠道，逐步加强对市场和渠道的掌控力，仅仅是茅台奉行稳健的行事风格的侧写之一，也是其始终稳步发展的动力来源之一。

同时，茅台的品牌价值也处于稳健攀升的状态之中。早在1915年，茅台酒就已经拿下巴拿马万国博览会金奖。茅台酒厂成立之后，茅台酒凭借独特的品质与口感，在我国五届名酒评比会中勇夺"五连冠"。此后，茅台在斩获各种奖项上"高歌猛进"，持续为品牌赋能。例如，在"中国酒类奥斯卡"华樽杯的评比中，茅台连续八次位居华樽杯中国酒类品牌价值200强榜首。2021年胡润品牌榜显示，茅台的品牌价值为10100亿元，是榜内唯一价值突破万亿元的品牌，稳居第一。㊁这份成就，就是专业人士对茅台稳健发展的最大肯定。

茅台在资本市场上也表现出了应有的稳健。在资本市场上的20年，虽历经宏观经济与行业重大调整，茅台依旧走出了一条稳健上扬的K线。2001年，在亚洲金融危机余波未散且行业竞争加剧的情况下，贵州茅台瞄准资本市场一举上市，并保持营收与利润的持续双增，6年后成为两市首只百元股。2019年6

㊀ 摘自经济资讯网的《茅台再度加大直营渠道 茅台集团成赚差价的中间商？》。

㊁ 摘自中国财富网的《唯一万亿级品牌，贵州茅台连续第四次夺冠中国品牌价值榜》。

月，贵州茅台股价成功突破千元，成为A股首支千元股。在市值上，贵州茅台上市之初仅为22.4亿元，到2018年1月15日，贵州茅台已成为白酒行业第一只市值突破万亿元的股票，并在2020年7月市值成功突破两万亿元。[一]茅台在资本市场上的稳健表现，不仅展现了强大的市场吸引力，也体现了茅台的定力。

在躁动的市场中，茅台扮演着"定盘星"的角色，它的稳健发展不仅能保证企业行稳致远，还能给我国白酒行业发展带来新的信息和启示，为整个行业的平稳运行支撑起发展的空间。

茅台的稳健不但有利于企业与行业的发展，更使茅台成为地方发展的重要经济支柱。在将地方经济蛋糕做大的同时，茅台也必须着眼于大经济、大基建的宏观效果，以更大的格局与视角，来看待一瓶酒的价值。

共生

茅台自诞生起就秉持着崇本尚道的理念，它逐步由三家酿酒小作坊成长为缔造千亿元营收的全球烈酒企业。长于青山，立于青山，也必将成为青山。这是茅台遵循"天人合一，道法自然"的既定足迹，也是茅台建立"大共生"生态圈的逻辑基础。茅台以自身发展为基础，始终坚持打造与赤水河流域自然生态、与产品生产的上下游产业链、与中国白酒行业竞合共生

[一] 摘自贵州茅台官方账号发布的《茅台19年资本市场路，有哪三个重要节点？》。

的"大共生"生态圈。

独行快,众行远。打造持续、良性发展的生态圈,茅台需要与自然、产业链、行业共生,调动生态圈的力量,协同分工,优势互补。这可使茅台的内外部环境更稳定,降低风险,为坚守定力创造条件。

与自然共生

赤水河是全国唯一没有被开发、污染、设置蓄水堤坝的长江支流,这在很大程度上保障了赤水河流域的生态多样性与优质环境。赤水河川流而下的低凹河谷,四面环山,冬暖夏热,雨疏风少,形成了一个天然的、独自运转的自然生态圈,加之经年累月的酿酒活动造就的独一无二的酿酒微生物群落,实为酿造酱香酒的"洞天福地"。得益于生态的独特性和不可复制性,赤水河谷已成为中国酱香酒不可或缺的命脉和根基。

为了推动赤水河流域资源保护区的建设,做好产前源头控制,早在1995年,茅台就已经主动加入国家水系统防污染管理网,成为全国首个加入该污染治理体系的企业。[一]2014年,茅台决定,在之后10年每年投入5000万元用于保护赤水河流域的生态环境。

同时,生产过程中的节能与减排也得到高度重视。生产白

[一] 摘自中国网的《绿色生态经验成为热点》。

酒会产生大量高浓度、高酸度的制酒废水，若直接排放将会破坏生态系统。为集中处理生产废水，茅台先后拨款4.68亿元在茅台产区建设5座污水处理厂，并委托专业的第三方团队进行管理。在2017年，其污水处理达标率就已经达到100%，年处理达标污水200多万吨，㊀日平均处理污水能力可达2.3万吨。

循环利用是茅台在生态治理上的关键一环。与生产废水一样，茅台酒生产过程中产生的大量酒糟，在无集中处理的情况下丢弃会影响空气与土壤的平衡，为解决酒糟"去向何方"的问题，茅台前后注资近10亿元开启循环经济建设项目，形成茅台酒产业和自然生态的耦合共生，将生态产业链的有机循环注入其中。

已被利用过的酒糟在循环经济产业园中经过一定时间的发酵，可通过一定的工艺制作翻沙酒与碎沙酒。酿酒所剩的酒糟，一可以通过厌氧发酵工艺处理产生沼气，再将沼气提纯制成天然气；二可以送至有机化肥生产车间制成有机化肥，成为有机高粱基地的肥料，真正实现"从土里来，到土里去"。制曲所用过的废弃稻草也可以通过物理、化学、生物等方法加工成牛的饲料（这种饲料可提高牛的免疫力，增加饲养的效益），"变废为宝"。

茅台也将绿色环保融入日常生活。譬如，在厂区内部实行私家车单双号限行与公务大巴双轨运行的模式，减少汽车尾

㊀ 摘自《人民日报》要闻版的《茅台生态文明建设》。

气排放；每年开展为期数天的义务植树活动，将环保理念"厚植"在土壤之中。数万茅台人用实际行动阐释了"像保护眼睛一样保护赤水河的生态环境"的共识。

赤水河发源于云南，流经云南、贵州、四川三省，仅靠茅台很难从根本上解决赤水河流域的环境问题。因此，茅台向外发挥号召力和带动力，率先推动赤水河流域的保护法规建设，并积极促成流域周边优秀白酒企业联动，保护赤水河流域自然生态。在推动立法建设上，2017年，茅台作为"中国赤水河流域保护治理发展协作推进会"的承办单位与参与者之一，见证了云南、贵州、四川共同签订《云贵川三省政协助推赤水河流域生态经济发展协作协议书》，并积极响应赤水河流域的保护与发展等政策。2021年7月，三省正式施行赤水河流域生态环境保护的"共同决定"和"条例"。自此，赤水河流域的环境保护机制从顶层设计出发，建立了持续有效的运行机制。

与产业链共生

一条以赤水河为纽带的茅台上下游产业链，一个以茅台为原点的放射状关联产业集群，是茅台赖以存续和开拓创新的基石。

茅台成功跨越千亿元营收大关，绝不是"单枪匹马"闯出来的，而是茅台上下游和周边产业链"众人拾柴"的成就。同样，茅台在高速发展获得巨大效益的同时也化作优质"土壤"，不仅为周边产业提供成长的养分,还扶持上下游和关联产业的体系建设,为其提供广阔的视野。

茅台的上下游产业链共涉及数十万人口的利益,上至酿制茅台酒的原料供应方、包装材料供应商等,下至经销商等。在上游原料方面,茅台与种植有机高粱的农户休戚与共。

茅台酒的酿造工艺和流程繁复,而赤水河谷特产的糯高粱——红缨子高粱,因粒小皮厚又结实耐蒸煮,加之支链淀粉含量高于其他高粱,被成功选为茅台酒的酿制原料,成为茅台酒体幽雅细腻、丰满醇厚的"机密"之一。

20世纪80年代,红缨子高粱的年亩产量只有75公斤,到2006年,经过不断试种、扩产研究实验,红缨子高粱的年亩产量首次达到400公斤。2008年,经过贵州省品种认定,红缨子高粱成为茅台酒的专用高粱品种。两年后,它成为全国首个通过有机认证的高粱品种。

为了确保茅台酒质量,茅台以高于平均市场价的标准收购粮农高粱的同时,还对茅台高粱产地的粮农实施补助。2006年至2017年,茅台对粮农的年均补助就达2467万元。[一]

2017年,茅台对基地农民高粱的收购价为每公斤7.2元,同期东北高粱市场价为每公斤3元,普通高粱市场价为每公斤5.4元。2018年,茅台主动将有机高粱收购价提升至每公斤8.2

[一] 摘自新浪财经的《种10亩高粱挣不到1瓶茅台钱?茅台反驳压制农民传闻》。

元，[一]2022年，茅台再次将收购价格提升至每公斤11.2元。[二]对于茅台来说，2018年高粱收购价格上涨直接导致了其成本增加1亿元以上。

为让粮农专心生产，保障农户粮产收益，茅台还在红缨子高粱基地实行了"公司+基地+专业合作社+农户"的模式。从前期红缨子高粱的有机选种、粮农的种植培训，到中期育苗、培苗所用的有机肥、生物制剂、杀虫灯的采购，再到后期的基地硬件设施建设和实验示范、管理等环节全部由茅台一应包揽。为茅台提供有机高粱的粮农，只需在清明播种、在重阳收割，在耗时不到150天的一季生产中户均收入就可高达8900元。[三]因此，高粱种植被称为仁怀市的富民产业，赤水河边的有机红缨子高粱也被称为世界上身价最为昂贵的高粱。

2013年，仁怀市遭逢大旱，原先一亩可产300至400公斤红缨子高粱的土地，当年的亩产骤减至100多公斤。茅台在产品产量受到严重影响的同时，依旧给予收购的红缨子高粱每公斤2角的补助，对因旱灾导致减产，而无法进行收购的红缨子高粱给予每公斤3角的补助。茅台在"十二五"期间，针对"工业反哺农业"等项目的扶助拨款累计高达90亿元。茅台以自身为基石助力周边相关产业发展，竭尽所能地扶助、支持上下游农业产

[一] 摘自搜狐网的《茅台否认压制粮农 称已涨高粱收购价至8.2元/公斤》。

[二] 摘自茅台时空公众号的《20年上涨5.6倍，茅台酒用高粱农户收购保护价上调至每公斤11.2元》。

[三] 摘自新浪财经的《种10亩高粱挣不到1瓶茅台钱？茅台反驳压制农民传闻》。

业，足以体现其遵循共生理念的信念。

贵州茅台酒有机高粱标准化种植基地，仁怀市坛厂镇（2014年摄）

以茅台为中心，呈放射状分布的关联产业集群，是指与茅台产品输出相对接的包装和物流等产业。

茅台作为贵州典型的地理标志性品牌，在产能和效益上升的同时逐渐筑牢了贵州作为世界酱香型白酒（简称酱香酒）核心产区的地位。白酒产业是当地经济的"压舱石"，以茅台为首的酱香型白酒将会释放出更大势能。在此风潮引领下，白酒包装和物流行业也即将迎来巨大的发展机遇。

2019年12月茅台发布"遍布贵州全省的十二个重点工程项目"，加速包装、物流和循环投产等重点产业链的建设，被列为茅台上下游产业及关联产业统筹布局的关键环节之一。坚持共生理念的茅台，主动牵头贵州包装产业的配套发展。

茅台酒在市场上的行销，也为酱香酒市场开辟了一条前景广阔的道路，持续提升了酱香酒价值，给产品包装等相关企业的发展奠定了市场基础。但是，站在全局的视角上，茅台率先

捕捉到全省包装市场所存在的问题——贵州白酒产业和包装产业"不适配"。由于贵州省的白酒包装配套率不及外省，近七成的本土酒企将省内包装产值转移至省外，从而导致了非良性循环的状态。

发现问题不是目的，解决问题才是根本。茅台视提升贵州本土包装产业效能和产业配套水平为本职，在充分带动酱香酒价值效应惠及周边产业的同时，架起一座联通贵州和省外的招商引资桥梁，并辅助省内外包装产业的结构升级和产业配套设施的落成。另外，茅台强大的品牌效应成为吸引外省优质包装企业落户贵州的"磁极"，切实提高当地白酒行业的包装配套率。

在2019年召开的贵州"全省包装行业和白酒行业供需现场交流会"上，茅台立足自身供给端，从源头帮助本土包装行业提高供给能力和水平，助推贵州的包装配套项目设施建设。

2018年，贵州成品酒包装量达31万千升，按照一瓶500毫升计算，年白酒产出量为6.2亿瓶。当年贵州的白酒销售收入达950亿元，包装成本在其中占11%，所需包装费用为106.3亿元。茅台作为贵州代表酒企，2018年度的成品酒产量达13万吨，在产品包装上采购投入资金约为37亿元，在全省包装成本费用总额中占比近4成。㊀

作为贵州白酒包装行业的重要客户，茅台的产业效益和

㊀ 摘自天眼新闻的《茅台牵头助推贵州包装产业发展再上新台阶》。

选择调整很大程度上会影响周边白酒包装产业的发展。如果说质量是茅台酒的内在精魂，包装就是茅台酒的外在气度。符合产品"气质"的包装，是茅台成功与消费者"交互"的首道关卡，也是茅台抵制制假售假的"压阵军"。因此，茅台与包装行业共生，在未来发展的路上将成为更好的合作伙伴。

2020年6月，茅台再次邀请包装产业的相关供应商抵达习水，就加强供需对接，助力供应体系的协调发展进行商议，并以此为平台搭建起白酒企业与包装企业的交流通道，在保障双方沟通渠道顺畅和共赢发展的同时，充分发挥茅台的"领头羊"作用。[一]

在消费升级的当下，茅台也积极以周边产业"服务者"的身份持续助推包装产业释放潜力，使其成长为与白酒产量相匹配的大体量产业群。

贵州提出本土包装产业从"向外看"到"向黔看"以来，茅台始终"冲"在最前端。2020年，茅台全力推进自有包材配套设施建设，旗下的申仁改扩建项目和贵定玻璃厂项目将在2022年至2023年间陆续投产运行，届时贵州省本土的包装产业年产值可增加至15亿元左右。[二]同样，得益于茅台多年的鼓励、引导，截至2020年5月底，有意落户贵州的省外包材供应商已

[一] 贵州茅台集团官网的《茅台集团包材供应商座谈会在习水召开 加强供需对接推进协同发展 共同构建优质快捷高效稳定安全的供应体系》。

[二] 摘自百度百家号的《2019年包材采购总额46亿元，茅台集团助力白酒包装"向黔看"》。

达14家，其中10家供应商已完成投资签约和厂房租赁等事项。这10家中，有4家已经落户习水。这些商家的入驻，将给贵州省增加18亿元左右的投资额。[一]而茅台也将持续助推周边产业共赢，助力贵州向2022年全省配套率达80%的目标冲刺，全力做好全省包装产业发展的护航舰。

与行业共生

中国白酒的明天如何，一直是业内外人士想要窥见的未来图景。进入市场是否就是踏入原始丛林？同行之间是否只有在相互蚕食下才能得见出路？

面对白酒市场的未来格局，茅台提出"兄弟"与"竞合"的理念。提及"兄弟"，是因为白酒虽有风味、品类、地域之差，但都是中华传统文化的具象衍化，酒企应共同将中国白酒推向世界。

提及"竞合"，则是从白酒行业的属性出发的。自1978年改革开放后，白酒行业逐步向市场化运营模式转变，竞争成为必然。茅台从共生理念出发，认为局部竞争的存在利于各个酒企发挥所长，且白酒市场的竞争应基于共赢而进行。

茅台以己为原点，推动整个行业从"一决高下"的丛林

[一] 摘自天眼新闻的《贵州白酒和包装产业协同发展迈向新台阶——白酒企业与包装企业供求配套对接活动侧记》。

式竞争模式向"合作共赢"的兄弟竞合模式转变,助力整个行业实现大中小企业的协调发展,并在各自领域当中充分发挥优势,共同提升中国白酒产品品质,构建起体系完备、业态良好的中国白酒行业。同时,中国白酒头部企业聚力将中国白酒行业"拧成一股绳",在世界烈酒市场上展现优质馥郁的中国面孔,为中国白酒乃至文化掌握更有利的话语权。

茅台带动整个行业的市场竞争风向发生转变并不是无依据的。

在1952年全国第一届评酒会上,茅台酒、汾酒、泸州大曲酒、西凤酒获得白酒类全国名酒称号。

1987年,为弘扬四大名白酒的影响力,加强各白酒企业之间的沟通,泸州老窖作为承办方举办了第一届"四大名白酒杯"篮球邀请赛。然而,该项跨企业白酒同行交流赛事却未能持续举办。

直到2011年,已停办24年之久的"四大名白酒杯"篮球邀请赛才被茅台重启,让中国四大老牌名白酒再次齐聚。这一举措不仅恢复了24年前由"四大家"轮流做东承办赛事的规定,中国老牌白酒头部企业的研讨议题也开始跃变。与三位"老友"重聚时,茅台开门见山地阐明了意图:"我们以篮球为媒,相互取长补短,一起认真研究,整合优势,相互促进发展,提升中国白酒在世界蒸馏酒业中的话语权。"

此后,该项赛事持续举办,成为中国老牌名白酒"四兄

弟"的重要交流纽带之一。

2014年、2016年、2019年及2020年的"四大名白酒杯"篮球邀请赛分别由山西汾酒集团、陕西西凤集团、四川泸州老窖和贵州茅台集团再度承办。此项篮球赛事成为中国四大老牌名白酒在竞争格局之外,开辟出的头部白酒企业纵论交流平台,成为"兄弟竞合"前期的尝试。

值得一提的是,此次"老友重逢"也释放出一个巨大的行业信号,过去十几年以老牌白酒企业为主的"丛林争夺式"竞争时代将要过去,白酒竞合时代即将到来。在白酒行业内建设更健康的市场文化的呼声越来越大,白酒企业聚合抱团共谋发展逐渐成为趋势。

最终的成果表明,茅台数十年倡导的产业竞合正在给白酒行业带来巨大红利。2020年,新冠肺炎疫情成为影响中国白酒行业的变量,茅台、泸州老窖与汾酒上半年的经济指标虽有增有降,但总体趋势稳定。适逢国家"构建国内国际双循环相互促进的新发展格局"的关键拐点,"四兄弟"如何实现通力合作成为未来竞合发展的重要议题之一。

除了与老牌名白酒合作,茅台还牵线全国各地名酒企业,将分散在国内各地的知名白酒企业聚拢到"中国白酒"这盘棋局之上,强化整个行业互动、互访、互助的和谐业态,使各个酒企在交流互鉴中持续向好。

2016年是茅台开启白酒企业间"走亲访友"式竞合变革的

元年。期间，茅台高管团队先后走访泸州老窖、汾酒、西凤、古井贡酒、郎酒、劲牌和五粮液等"兄弟"酒企。形成良好势头后，各"兄弟"酒企纷纷对茅台进行回访，在整个行业掀起一股"访友"风潮，"团结"逐步成为白酒行业的高频词。

以茅台与五粮液、洋河等企业为主的"巨头集会"昭示着在中国白酒行业内，老牌、新生代企业之间的"兄弟"竞合模式已经全盘开启。由头部白酒企业发起并持续稳固强化的产业竞合格局，正在加速形成。

2018年1月，五粮液集团掌门人亲率骨干团队回访茅台。双方不仅在学习和机制探讨等方面收获颇丰，也顺利促成宜宾和遵义两市"友好城市战略合作协议"的签订。这不仅有利于两地政府深化合作交流，拓宽两地企业交流渠道，也有利于两地政府出台更具有针对性的政策。

两个月后，茅台与五粮液再次就白酒百年老字号企业发展、携手走出国门、打造"中国白酒金三角"、呼吁国家支持白酒产业发展及担当起民族品牌责任等五个方面为议题，达成五点共识，重新定义行业竞争。㊀

"洋茅"兄弟时隔81天的两次会面也印证了中国白酒行业和气生财的时代大幕已开启。

2018年6月，茅台高层到洋河股份进行考察参观；同年8

㊀ 摘自《酒业时报》的《五粮液、茅台重新定义行业竞争，白酒进入竞合时代》。

月，洋河股份掌门人率队抵达茅台。"洋茅"兄弟在时隔81天后再次聚首，[一]"融合是趋势，共谋竞合始终是双方不变的意愿"是"洋茅"双方两次交流议题的核心，通过互通与交流，双方完成了在政策研究与走出国门、创新技术与科研合作，以及文化宣传与品牌推广等领域的合作对接，完成了从理论框架到实质性进展的有效进阶。

"洋茅"两次会面，无论是时间上的巧合，还是在会面中达成的行业共识，都意味着中国白酒行业从内向外在发生变革。

以茅台为纽带进行的白酒企业"朋友圈巡访"活动，不仅体现了各大知名白酒企业间的"惺惺相惜"，也体现了"行业兴盛则企业兴盛"的共识，以茅台为支点的中国酒业，正在从"大鱼吃小鱼式"的竞争生态向"和而不同式"的竞合生态积极转化。

作为酱香型白酒的鼻祖，茅台也在思考如何让贵州各白酒企业形成百花竞放的产业局面，打造出更多的知名好酒。

2019年2月，在贵州白酒企业发展圆桌会议上，茅台表示愿意通过各种形式来推动构建贵州龙头企业和中小企业和谐发展的局面。贵州需要一批能够顶天立地的大企业来支持有为企业，善待外来企业，帮助和扶植在经营与渠道等方面有困难的

[一] 摘自搜狐营销观察的《81天两次"茅洋会"，白酒两巨头共谋行业竞合大格局》。

企业。茅台将尽己所能推动贵州白酒产业发展。㊀

茅台深知中国白酒产业已经告别"单打独斗"的时代，开启了"集体联盟"的序章，"各美其美，美美与共"正是中国白酒发展的"未来图景"。

以产区竞争为切入点，将赤水河流域酱香型白酒产区对标法国的波尔多河畔，打造中国酱香型白酒核心产区，是中国白酒开辟国际市场，展示"自由、开放、广博"的中国酒文化新风尚的可行之策。这也是茅台继白酒产业竞合之后的另一项重点工程。

在2020年贵州白酒企业发展圆桌会议上，茅台再度发起"聚焦行业发展，助力产区竞合"议题。㊁不难预见，在中国白酒企业团结起来的未来，茅台的"大共生"生态理念必将涵盖更广的范围，开辟更为浩瀚的盛世图景。

担当

从企业社会学的角度来说，企业作为社会主体之一，在社会大环境中生存、发展，具有明显的社会属性，担当社会责任也是企业价值所在。达则兼济天下，茅台一直在积极践行社会

㊀ 摘自搜狐网的《大咖齐聚茅台论"竞合" 11家酒企掌门人都谈了些什么？》。

㊁ 摘自新浪财经的《2020贵州白酒企业发展圆桌会议在茅台举行 行业聚焦"产区竞合"》。

责任。作为中国民族品牌的代表，茅台尽己所能担当更多的社会责任。

茅台定力就生长在责任的根基之上，通过"爱我茅台，为国争光"的企业精神表现出来。担当社会责任回答了茅台为什么发展、为什么坚守的问题，即为什么而奋斗的问题。这使企业在发展中坚守定力：遇到诱惑时，不轻易动摇；遇到挫折时，不轻言放弃；在顺境中，秉持初心不断攀登新高峰。因为它不是为自己，而是为社会、为更多人的美好生活而奋斗。

茅台酒"成分"丰富，它不仅是质量的浓缩，也是茅台责任担当的汇聚。如何让员工有更高的幸福感与成就感？如何通过产业发展带动农户实现乡村振兴？如何让莘莘学子圆梦大学？如何改善环境让更多人群受益？这些问题都在茅台的担当逻辑中找到了答案。

首先，茅台担当体现在对员工的责任上。

员工是茅台最宝贵的财富与资源。如何让员工获得成就感、幸福感与安全感，一直是茅台最关注的事情之一。为营造良好的内部发展环境，激发员工的创新活力，茅台通过薪酬与发展通道等"软件"，为员工提供更好的发展平台。

在薪酬方面，茅台为员工提供高标准薪资待遇。2017年，茅台员工的年均收入高于贵阳市就业人员年均收入：贵阳市就业人员年均收入为6.67万元，茅台发放的员工薪酬总额为22.22亿元，其员工总数为24029人，员工年均薪酬为9.25万元。2019

年1月，茅台集团决定，2018年员工的岗位绩效工资上调6.27%；从2019年起，员工每人每月上调1500元预付绩效工资。[一]

在发展通道方面，为形成具有茅台特色的人才培养机制，茅台设立了晋升"双通道"，即管理通道与技术通道，既避免了员工在管理岗与技术岗之间转换时出现能力不匹配的现象，让员工有"用武之地"，又能做好继承型与创新型人才的培育工作，培养公司的关键核心人才。

其次，茅台担当延展到助力地方经济发展方面。

在乡村振兴方面，茅台通过帮扶蓝莓产业，带动贵州省丹寨地区经济发展，实现农户增收。2015年，茅台在丹寨组织成立茅台生态农业公司，深耕蓝莓的种植与精深加工。通过与茅台常年合作，农户种植蓝莓可获得丰厚的收入：仅从事除草、采摘等简单农活，以每年200天工作时间计算，农户年收入超1.4万元。[二]截至2019年末，茅台生态农业公司的自建基地已辐射丹寨县的两个乡镇，带动农户尤其是贫困农户合计用工超15万人次。[三]

蓝莓种植仅是茅台产业链中的一环，茅台还设立了蓝莓加工园区，推出了蓝莓发酵酒、利口酒、果汁等产品，实现了蓝

[一] 摘自《澎湃新闻》的《茅台涨工资：今年起每人每月上调1500元预付绩效工资》。

[二] 摘自百度百家号的《茅台扶贫的"贵州战法"：点到面、输血到造血》。

[三] 摘自百度百家号的《践行国有企业责任担当典范茅台丹寨产业扶贫树立标杆》。

莓全产业链发展，不仅为当地蓝莓"增值"，还为当地贡献税收达几千万元。2019年，丹寨县顺利实现脱贫，撕下了有千百年历史的贫困标签。丹寨县的发展，与茅台的发展密不可分。

有机高粱种植亦如此，茅台已让有机高粱生产基地超10万户农民成为直接受益者。2019年，仁怀市大坝镇簸箕坝村依靠2040亩高粱基地实现产值560多万元。在茅台与当地农户的共同努力下，该村贫困户126户共407人全部实现脱贫摘帽。

"大手牵小手"或许最适合形容茅台与贫困地区的共同发展：茅台的发展离不开这片土地的馈赠，茅台理应主动融入农村产业革命，助推当地经济发展；而乡村地区也能靠着茅台的特色产业链，享受国家和茅台发展的红利，实现乡村振兴。

在教育发展方面，茅台也承担起社会责任。

2012年，茅台推出"中国茅台·国之栋梁"公益助学品牌，每年向中国青少年发展基金会捐赠1亿元，资助20000名当年参加高考，并且已经被全日制普通高等院校录取的处于经济困难状态的学生。截至2021年10月15日，"中国茅台·国之栋梁"已助力20余万名学子圆梦大学，覆盖全国多个省（自治区、直辖市）的2700多个县。[一]

石淑萍就是受助学生之一。2015年，石淑萍收到中央民族大学的录取通知书，奈何家庭条件不好，一家人左右为难。

[一] 摘自中国新闻网的《"中国茅台·国之栋梁"希望工程圆梦行动 播种新希望》。

在茅台的帮助下，她不仅圆了大学梦，还敢于直面在学习和生活中所遇到的困难，成为更加坚强的人。受茅台影响，她在大学期间除了刻苦学习、积极参加实践活动，还坚持参加公益活动，致力于改善贫困地区的教育条件。

在茅台的持续推动下，"中国茅台·国之栋梁"不仅成为我国公益事业的标志性品牌，还成为国家"教育扶贫"的典型案例。影响未来有影响力的人，让茅台见证了一群有志青年书写不一样的人生篇章。

另外，在基础设施建设、医疗、救灾赈灾等方面，茅台也义不容辞地承担起社会责任。例如，茅台机场的通航，不仅改变了贵州立体交通的格局，让茅台镇成为西南地区的重要窗口，还吸引了投资者到仁怀市投资兴业，既推动了地方白酒产业的发展，也推动了周边地区旅游业的发展。

企业发展的资源取之于社会，担当社会责任让企业有机会做出回报。懂责任、敢担当，这样的精神是企业定力的来源，也是定力的坚实基底。

穿越周期的战略选择

白酒产业周期轮转

从经济学的角度来看，我国产业结构与消费结构联系紧密。在某一特定历史阶段，产业结构的容量与质量都能直接决定消费结构的容量与质量，且消费结构无法脱离产业结构而存在。随着我国宏观经济与社会结构的变化，产业结构与消费结构出现相互促进、相互影响的局面。消费需求的变动会引起市场的变化，引发产业结构的变化与调整，甚至影响各产业的发展。也就是说，需求方开始替代供给方，成为市场的主导。

有学者从供给理论、人类活动规律与中国历史发展等角度出发，以1950年为时钟起点建立了"中国消费百年时钟"。[一]依据此模型，我国消费的发展被划分为物质匮乏时代、品牌化时

[一] 摘自百度百家号的《白酒行业发现系列报告：高端白酒探寻白酒发展顶层逻辑，树立食品工业价值典范》。

代、消费升级时代与专属定制时代。聚焦我国白酒产业发展，中华人民共和国成立以来，我国白酒产业也历经多个周期，而其周期的轮转均能在我国消费的周期演变中凸显出来。

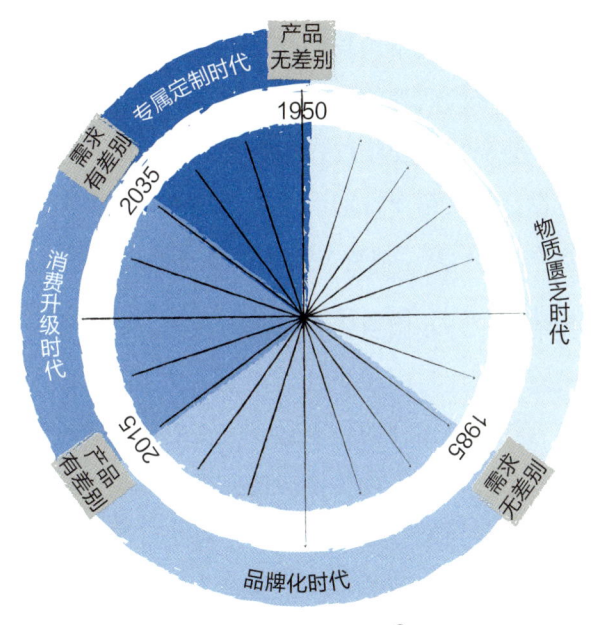

中国消费百年时钟[一]

在周期的起起落落中，企业也沉沉浮浮，演绎着自己的命运。有的企业被浪潮淹没，没能在周期衰落中扭转乾坤；有的企业则能冲出困境，找到趁势而上的方法。那些在周期轮转中胜出的企业，就似风吹不倒的根深的大树，有着坚韧的定力。从白酒产业周期的变化历程中，能够看到周期轮转对企业定力的考验。

[一] 来自天风证券。

物质匮乏时代：以量取胜

中华人民共和国成立初期的经济发展面临着多重困境。不仅农业落后，工业规模也较小。

在此背景下，我国市场长期处于供给短缺的状态，供需矛盾十分突出。为平衡两者的关系，我国采取了计划经济体制，粮食、布料等必需品必须经过计划配置且只能凭票购买。此时的经济调节也几乎是指令性的，商品市场无价值规律可言，这也造成了生产上多积累、消费上低消费的问题。

在这种情况下，我国白酒企业蹒跚起步。第一个五年计划凸显出人民想要迅速将中国建设为社会主义工业强国的愿望。白酒产业作为我国轻工业的代表之一，深受国家重视。因此，国家采取了一系列政策予以扶持，使白酒产业逐渐走上正轨：对一些规模较小的白酒企业进行合并，对传统酿造工艺进行保护，开展酿酒机理等方面的研究。这些政策使各白酒企业的出酒率得到提高。

此阶段白酒产业的核心驱动力是"量"，即规模大、产量高的企业营收也高，因此茅台、五粮液、泸州老窖等酒企在转向规模化生产的同时，也在扩大产能。

品牌化时代：白酒行业的浓墨重彩

1978年改革开放后，我国由社会主义计划经济向社会主义市场经济转变。市场经济的"刺激"、供给端口的增加、居民收入水平的明显提高，改变了过去消费受限于生产的状况，消费者需求开始出现差异化，市场由"卖方市场"逐渐过渡到"买方市场"。这一时期，人们更加关注"品牌"，1985年，我国消费正式进入品牌化阶段。

在服装鞋饰领域，以前的集合百货卖场已逐渐被各品牌店取代，各个品牌商开始在全国设立专卖店。在家电领域，人们更加倾向于选择格力、长虹、海尔等一批实力强劲的家电制造企业所生产的家电。

我国白酒行业也乘着改革的东风迎来了快速发展的机会：粮食供给由以前的紧缺转变为稳定，各白酒企业步入较为稳定的生产流程，同时白酒行业的高利润也引得众多投资者进入。

然而，受计划经济松绑、国有企业市场化改革的影响，曾经背靠国家的各大酒企必须独立闯荡市场。在品牌效应放大的时代，各名优酒企不得不重新打造品牌形象占据市场，以提升白酒的销售收入。此时大热的广告成为各大酒企打响市场的突破口，孔府家酒凭借央视广告一夜成名，秦池酒厂也曾花费重金成为央视标王因而红遍全国。除了规模较大的酒企，不少小酒企也通过各种媒体曝光赢得不错的发展，鲁酒、豫酒等一大批优秀的地方酒企逐渐崛起。

品牌化阶段是我国白酒史上最浓墨重彩的阶段。从1978年至2015年，人们先后见证了三个白酒行业龙头的兴起：1978—1993年担当行业龙头的山西汾酒，1994—2013年品牌化浪潮中

成就的"中国酒业"大王五粮液，以及一路稳健前进，2014年至今一直占据着白酒金字塔尖地位的茅台。

山西汾酒之所以能够在改革开放初期占据高地，得益于它在改革浪潮中的率先改制，此举促进了汾酒生产效率的提升。此时我国生产力解放程度不高，而汾酒属于清香型白酒，工艺具有生产周期较短、生产成本较低、出酒率较高的特点，可以迅速扩大产量满足消费者需求1988—1993年，汾酒连续六年荣获全国轻工业最佳经济效益第一名。同时，依靠4000年左右的酿造历史，汾酒打造了诸多深入人心的汾酒故事。悠久的历史与优良的品质成就了"汾老大"的名声，龙头地位当之无愧。借此辉煌，1994年1月，汾酒顺势在上海证券交易所正式挂牌上市，成为中国白酒行业第一家上市公司。

进入20世纪90年代后，我国改革开放进一步深化，人们的消费能力与需求进一步增强、扩大。在此阶段，五粮液渐渐赶超汾酒。

为了满足市场消费需求的增长，五粮液利用浓香型白酒生产的优势，采取了扩产战略，抓住时机，进行规模化发展。因此，在产量充足的前提下，五粮液在20世纪90年代中后期发展迅速。

同时，白酒企业产品结构单一，同质化竞争严重，无法吸引追求品牌差异性的消费者等问题日益凸显。为了快速占领市场，五粮液也通过OEM（Original Equipment Manufacturer，原始设备制造商，俗称代工）制造贴牌酒，为走向全国奠定了基础。加之国家逐渐放开对名酒价格的管控，五粮液率先提价抢先占领了高端白酒阵地。

不仅如此，在白酒行业市场化的过程中，五粮液也积极拓展市场营销渠道，创新性地采取了以大经销商为主，快速占领市场的策略，即以总代模式为创新点，挑选实力强大的经销商实现低成本快速扩张。不仅成功释放出巨大产能，还迅速占据了大众白酒消费的半壁江山。

经济生活水平的提高只会让消费者越来越重视品牌的价值，虽然五粮液旗下的品牌极为多样化，但只要超越界限就会消耗原有品牌价值。

与五粮液相比，同期的茅台在坚守价格底线、奋力营销的同时，不断巩固主品牌的价值。2013年，无论营收还是净利润，五粮液皆被茅台反超，茅台在白酒行业中开启了属于自己的时代。

茅台成为白酒行业龙头的原因，与汾酒、五粮液稍有不同。它没有在白酒行业的初期发展阶段就铆劲儿发力，也没有在白酒行业快速发展期内迅速迎合市场、大幅扩张产能，而是顺应天时，经过几十年的厚积薄发成为行业新风向标。

茅台始终坚持高端白酒的定位，始终在大节奏中把控小节奏，因此在品牌方面一直保持着强劲的号召力。在物资短缺的年代，稀缺是一种劣势，而在物资供应充足的年代，物以稀为

贵已成为人们的共识。再者，在2012年后的行业深度调整期间，不少高端白酒采取先提价后降价的策略，导致价格波动性大，削弱了市场与经销商的信心。此时的茅台坚定维护自身品牌价值，采取一系列稳价策略，一路成为白酒行业的领头羊。

消费升级时代：高质量发展

进入2015年，我国迎来消费升级的时代。生产力不再是制约人们消费的主要因素，我国也实现了从供给约束向消费约束的转变，消费者的需求层次更加立体化。

我国白酒企业不断顺应消费升级浪潮，持续在渠道、产品、观念方面进行升级。

就渠道而言，过去，各酒企均通过经销商销售产品，但市场的变化让单一销售渠道无法满足企业发展需求，因为其抗风险能力较低，辐射范围有限。为促使渠道扁平化、精细化，增强对终端渠道的把控能力，稳定价格，各酒企纷纷增加直销的占比，削减经销商层级，建立数字化系统，线上线下两头抓，进而实现渠道优化。

就产品而言，在食品饮料行业，好的产品永远是支撑企业长久发展的基石，在消费升级时代亦是如此。高端白酒能够占领第一梯队，优良的品质就是其"底气"。因此在产品方面，高端白酒也需要引领行业的发展，不断升级，给予消费者更好的感官体验。

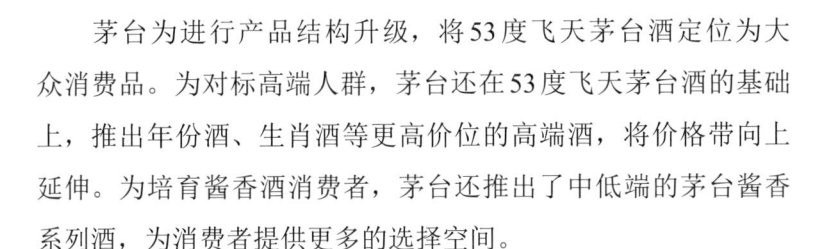

茅台为进行产品结构升级，将53度飞天茅台酒定位为大众消费品。为对标高端人群，茅台还在53度飞天茅台酒的基础上，推出年份酒、生肖酒等更高价位的高端酒，将价格带向上延伸。为培育酱香酒消费者，茅台还推出了中低端的茅台酱香系列酒，为消费者提供更多的选择空间。

泸州老窖为进行产品结构的调整与升级，对其系列酒品牌进行了大幅度整改，对年销售额50万元以下的产品统一进行清理。2018年，还推出国窖1573与泸州老窖双品牌运作，前者坚守浓香型白酒的高端定位，后者推动品牌复兴，让泸州老窖跻身行业三巨头的阵营。五粮液也从2018年开始实施"1+3"品牌战略与系列酒"4+4"产品战略，不断解决品牌冗杂的问题。

通过产品结构的调整与升级，我国白酒行业的聚焦度将会进一步提高。

专属定制时代：个性化是趋势

在经历了消费升级时代之后，专属定制时代即将来临。随着社会经济的发展与大众消费观念的提升，产品之间的品质鸿沟逐渐被抹平，人们的需求愈发向着马斯洛需求层次金字塔的塔尖部分转变，更加注重自我享受与个性化，个性化消费将成为一种趋势。

我国白酒企业已开启各种定制化服务，来满足更多消费者的需求。早在2018年，茅台就已经把握住个性化消费的趋势，成立了专门负责定制酒营销的公司。这意味着，茅台通过高品

位的个性化定制与精细化的服务，为用户创造更多的价值，进而满足和引导高端定制酒的消费需求。无独有偶，五粮液也根据客户的需求，从品质与形象入手，为客户打造了极具个人风格的产品。未来，个性化定制将会成为行业内的一种稳定发展趋势。

在品牌方面，定制消费时代的消费者会在一定程度上忽视"品牌"而关注产品本身，比如以穿着无LOGO的服装来体现自身的"极简"风格。这种趋势也是各大酒企未来品牌建设的突破口之一。

行业生命周期中的茅台定力

我国白酒行业在不同的消费周期中呈现出不同的发展趋势，这看似自然，其中"流量效应"的影响却不容忽视。

"流量效应"是一把双刃剑。当某一事物十分流行时，众人会趋之若鹜。此行为本身无错，但若超越临界点，事态的发展就会与人们所期望的方向背道而驰。在市场发展中，人们只有保持理性，把控迎合市场的"度"，才能在消费市场中稳步前进。有一些企业全力紧跟市场，结果因超过自身的承受能力而摔跟头。归根结底，这是定力不够的表现。透过我国白酒行业周期看茅台，我们看到，它始终有原则地控制着自己的目标与前进的步伐，即在大节奏中把控了自己的小节奏。

体现茅台在行业周期中定力的维度有很多,其中香型、产能、价格最为突出。

在香型方面,茅台有着一贯的坚持,始终钻研酱香型白酒。改革开放初期,我国居民消费需求初步释放,白酒需求量增大,白酒行业也呈现出"量大为优"的特点。而清香型白酒凭借用粮少、产量高、生产周期短的特点风靡全国。

酿酒需要消耗大量粮食。以酿造一斤白酒为例,以汾酒为代表的优质清香型白酒需要2.5～3斤粮食;以五粮液为代表的优质浓香型白酒需要3.5斤粮食;以茅台为代表的优质酱香型白酒则需要5斤粮食。而彼时,全国物资供应相对紧张。

就生产周期而言,清香型白酒发酵周期一般为一个月,浓香型白酒发酵周期通常为45～90天,而酱香型白酒需要经过八次发酵,且每次发酵周期为一个月。

与清香型白酒相比,酱香酒的高生产成本导致产品价格高,这让当时消费水平较低的国民难以负担,因此并不具备市场竞争优势。在众多酒企转而生产清香型白酒时,茅台却未迎合市场,始终在酱香之路上稳扎稳打,让"传统"与"创新"共存,成为酱香酒的坚守者与引领者。

在产能方面,茅台的定力体现为坚决不随意扩张产能,产量始终服从质量。1954年,厂部提出"沙子磨细点,一年四季都产酒"的口号,而以郑义兴为代表的老酒师认为,茅台酒厂当前的条件还不足以满足厂部的要求,按照口号行动扩大产量

必定会大幅度降低茅台酒的质量，因此极力反对。

此外，茅台的定力还体现在一旦设定产能目标，就势必达到。1958年，毛主席提出茅台酒在保证质量的前提下将产量提到年产一万吨。自此，茅台一直砥砺前行，用科学可持续的方式开始了阶段性的、有目标的扩产。2003年，茅台终于实现了"万吨梦"，刷新了历年产量的新高。2019年，茅台酒的基酒产量达4.99万吨。[一]2021年，茅台酒的基酒产量约为5.65万吨。[二]关于十四五时期是否还能扩产，茅台也正在论证之中。"毕竟扩产要在科学、可持续且保证质量的前提下进行。"茅台的员工说。这种"守得云开"的战略选择让茅台一次次稳健提高产能。

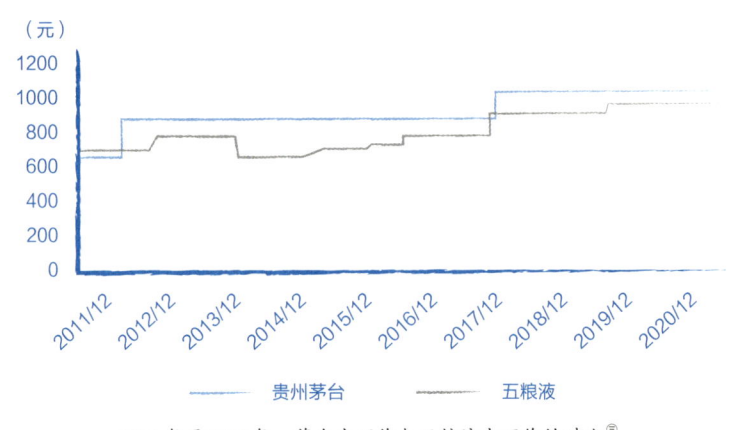

2011年至2020年，茅台出厂价与五粮液出厂价的对比[三]

[一] 摘自百度百家号的《茅台召开最大规模生产大会，2019年产量超历史平均水平》。

[二] 摘自新浪财经的《贵州茅台：贵州茅台2021年年度报告》。

[三] 来自川财证券。

过去如此,今后依旧。"不能因为供不应求而盲目收购或者扩大,这都是我们坚守的,也得到了市场的认可。"茅台集团高层在谈到扩产相关问题时说。

关于茅台的价格定力,不少投资者认为茅台酒价格的坚挺,让人们对茅台抱有信心。白酒行业内有一条心照不宣的规则,即各白酒企业谁的大单品价格最高,谁就掌握了白酒行业的定价权,成为白酒行业的"老大"。茅台价格的登顶让它成为行业价格风向标。

建厂70多年来,茅台仅在20世纪80年代降过一次价,当时我国实行名酒价格松绑政策,白酒行业逐步从按计划生产和销售转变为市场化经营,各酒企为占领市场纷纷从"名酒"变"民酒"。此后,与其他酒企相比,茅台始终保持价格定力。尤其在几次行业调整期间,不少酒企为了增加销售量纷纷采取降价策略。虽然在短时间内看到了成效,但以长远眼光来看,降价销售变相降低了品牌的"含金量"。而茅台在行业调整期间则采取了保价等维护品牌价值的措施。

2011—2020年,茅台仅有过两次提价,分别是2012年左右及2017年左右。因此在2011—2020年的价格变化方面,茅台酒价呈现出非常有规律且稳健的阶梯状态。行业内其他酒企的价格则处于频繁波动的状态。

经过白酒行业各酒企在价格方面几番角逐,茅台终于稳坐价格金字塔的顶端。其背后逻辑不仅体现了茅台在品牌方面的

自信，更体现了茅台的定力。如茅台领导层所说，茅台酒的价格是不能随便动的，且一定要保持定力与底气。"穿透"茅台的价格，其价格定力体现的是一份大的担当，关乎整个白酒行业乃至其他相关行业是否能够健康、可持续发展。

穿越周期，我们看到了茅台在不同阶段、不同情况中所体现出的定力。这一份定力，不仅将持续为茅台赋能，使其实现稳健发展，也将赋能行业，使各酒企能够在"流量效应"中审时度势，不随波逐流，不失去最根本的发展"底盘"。

我们可以从不同的出发点来理解茅台的定力，也能够在行业周期的转变中，领悟茅台对定力的坚守。在此，新的问题浮现出来，茅台的定力从何而来？它的定力又是在怎样的发展过程中逐步沉淀、壮大并释放出强大的能量，指引茅台的前进方向的？

02

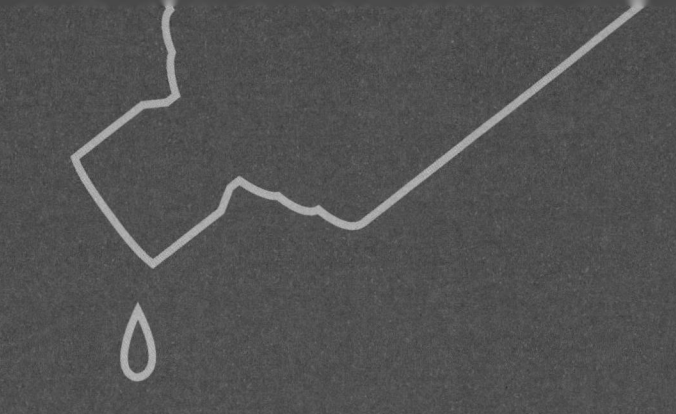

茅台定力的
追本溯源

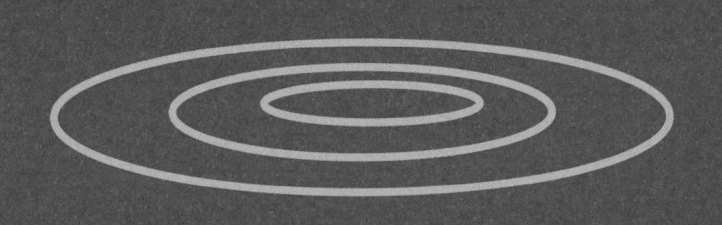

不同企业的定力来源各不相同。从历史层面来看，是源远流长的品牌历史与行业顶尖的酿酒技艺，赋予了茅台持续保持定力的底气。从国家层面来看，茅台的发展与中国经济的稳健发展密切相关，国家大环境为茅台提供了发展的保障。从行业层面来看，每一次行业调整带来的挑战，都在不断增强茅台的战略定力。

深厚悠久的酿造历史

"酒"与茅台镇自古就具有极强的地域联系。茅台镇独特的水土、商贾文化为茅台酒的诞生奠定了基础，而繁盛的酒业往来，也使得茅台镇因酒而盛名在外。清道光年间贡生张国华在诗中写道："于今酒好在茅台，滇黔川湘客到来。贩去千里市上卖，谁不称奇亦罕哉。"因历史美誉与酿造技艺等方面的厚积，茅台镇已成为"美酒"的代名词。极具厚度的酿造历史，赋予了茅台继承、创新的底气，成为茅台发展的定力来源。

茅台酒的历史起源，要追溯至商周时期。1994年，在仁怀市城郊接合部的东门河云仙洞内，人们从一处商周居住遗址中发掘出40多件文物和标本，其中多数为精致的陶制酒器。这是贵州省历史上发掘出的最早的商周时期专用酒器。由此证明，早在商周时期，仁怀地区就已掌握了酿酒技术，并有浓厚的饮酒习俗。

关于仁怀市茅台镇的酿酒行业初始于何处、何时，因该

地曾数次被卷入战争，导致历史资料和文献散失，已无法进行确切完整的考证，现在只能依靠该地的出土文物大致推算此地酿酒文化的兴盛程度。明确记载该地酿酒的史料，见于司马迁《史记》。据载，在西汉建元六年，一位名叫唐蒙的鄱阳令在出使南越期间吃过"枸酱"，在回到长安之后找到蜀地的商贾询问"枸酱"的产地，得知"独蜀出枸酱，多持窃出市夜郎"。书中所说的"枸酱"也被普遍认为是茅台酒的前身，而夜郎则是指如今的贵州省仁怀地域。可见，彼时的枸酱闻名华夏大地，并在蜀地初具规模。

"枸酱"是如何酿造的呢？据说是取拐枣捏碎，布滤去籽，纳入瓮中，再用布蒙其口，厚泥密封，用贮藏黄酒的方法进行贮藏，就会逐渐形成浓稠甘美的酱。贮藏的时间越久，品质越好。从制作工艺上看，茅台酒在一定程度上沿袭了枸酱的酿制工艺，它已成为茅台古法制酒的重要参考之一。如今，仁怀市仡佬族依旧会沿袭古法，在重阳节用拐枣造酒。

唐宋时期，贵州早已以"酒乡"闻名，世代聚居黔地的各民族都有善酒善酿的习俗。根据《旧唐书》《新唐书》等古籍记载，当时贵州的农业较为发达，有着"土宜五谷""稻粟再熟"的说法。此时酿酒使用的原料就已经逐步转变为五谷，并开始风靡窖藏数十年的老酒。彼时的酿酒工艺已初现茅台酒酿造工艺的影子，尤其是其长期贮存的工艺，现已成为茅台打造"时间的玫瑰"不可或缺的环节。

不仅如此，当时在黔地，酒像小农时期的耕牛一样重要，不仅是家家户户必备的日常必需品，还是婚嫁下聘、年节供岁、款待贵客等重要活动的"席间主角"。酒与当地文化的联系越发紧密，并在世代沿袭之后，形成独特的酿酒文化和习俗，为茅台酒日后的"品格和风范"烙下了深刻的历史印记。

明代万历年间，此地被卷入匪患纷争，都御史兼兵部侍郎李化龙奉命平定播州（后改名为遵义），改土归流。在随李化龙入黔平播的驻军后人当中，有一支邬姓族人长居于此，并留下一本《邬氏族谱》，明确标记了彼时茅台村酿酒作坊的位置。这是迄今为止最直接的对茅台酒坊的记载，也证实了400多年前茅台村的酒业就已成熟，且已有酿酒作坊。

至清代，贵州美酒凭借其醇厚甘冽而声名远扬。康熙年间，还有"贵州各属，产米精绝，尽香稻也，所酿造亦甘芳入妙，楚中远不及"等描述记录于书册当中。到乾隆年间，茅台镇已经成为"川盐入黔"的四大通商中枢口岸之一，盐船、商人络绎不绝，进一步带动了当地酿酒产业的发展。

当时贵州民间最常见的是咂酒。此外，还有夹酒、女酒、窖酒和刺梨酒等，它们凭借着不同的工艺和风味充盈着黔酒"酒库"。其中，茅台地方制酒又在美酒"团簇"的黔酒中脱颖而出。

《贵州通志》记载："按黔省所产之酒，以仁怀茅台村之高粱最佳。"随后，在清道光年间，《遵义府志》对茅台酒做了详尽描述："茅台酒，仁怀城西茅台村制酒，黔省称第一。其用料纯

高粱者上，杂粮者次之。"其中还有对制法的描述，说将茅台酒的原料蒸煮后和曲共同纳入地窖，弥月就出窖烤酒，而它所用的曲由小麦制成，叫作白水曲，按当地的说法叫作"大曲酒"，最终制出的酒称作"茅台烧"。

就此，茅台酒的制作工艺和酿造流程已基本成型，"茅台烧"或"茅台春"就是茅台酒更名前当地人的叫法。茅台镇产名酒，归功于历史酿造工艺的精进与黔北一带优异的水质和气候。在黔地"酒香"闻名于世的同时，又以仁怀县茅台村酿制的酒最为甘醇清冽，且其他地域完全无法仿制其风味，久而久之，"茅台酒"这个名字便成为百姓的习惯称谓保留至今。

茅台深厚、悠久、卓越的酒文化，为茅台酒的孕育、诞生、发展提供了先天优势。经岁月磨砺而成的制酒工艺，也成为茅台酒赖以生存的根基之一。站在"巨人"的肩膀上，茅台有足够的定力向内潜心深造、向外突破探究，不断创造新的发展历史，开拓白酒行业的崭新局面，让中国白酒文化成为世界酒文化中不可替代的存在。

茅台人的精神品格

茅台作为一个典型的传统酿造企业，拥有庞大的"运转系统"，且与其中无数个"子集"密切相关。作为"子集"的茅台人所展现出的精神与行为，也在时光流逝中塑造着茅台的"处事性格"，成为茅台定力的重要来源。沧海桑田，斗转星移，茅台从西南一隅的小河谷走向世界，其背后正是数代茅台人不变的坚守。

成立初期的茅台酒厂生产、生活条件十分艰苦。厂房是"千根木头落地"的青瓦屋面大棚，由于没有供水系统，工人只好亲自下河挑水来烤酒，他们穿着草鞋的脚经常被冻得干裂。为了给出甑的酒醅降温，工人只好在没有通风设备的条件下，在被热气笼罩的酒糟中翻掀打糙。生活上亦如此，工人住房"清一色"为土墙搭木头的结构，有的墙面甚至由废弃酒瓶堆砌糊泥而成，洗澡也只能在接酒池里用酿酒后的天锅水冲洗。即便在如此困苦的年代，茅台人也努力克服重重困难，坚定地

与茅台一道，打破行业陈旧体系，不断传承与完善茅台酒的工艺，致力于酿造最好的酒。

不论是过去，还是现在，茅台人都始终与茅台同甘共苦、不离不弃。这种精神，因为共同的价值取向而得以薪火相传，成为支撑茅台运转的不竭动力。在茅台不同的发展阶段，我们都能看见茅台人用自己的行动诠释这种精神。

1951年茅台酒厂成立后，为尽快恢复茅台酒的生产，酒厂号召老酒师们总结酿造茅台酒的生产规律与经验，并制定规范的茅台酒生产工艺。这并非易事，茅台酒厂成立前，各家烧房一直以"独门绝活"作为在相似酿造环境下的竞争优势，酒师们也抱着"教会徒弟，饿死师傅"的态度对酿造技术保持缄默，尤其是竞争较为激烈的"成义""荣和""恒兴"三大烧房的酒师们。

彼时，郑义兴已是一位声名显赫的酿造大师。精通酿造茅台酒的每一个环节且有着业界顶尖业务能力的他，在茅台酒厂建立之前一直是三家烧房重金争聘的对象。对于这些烧房而言，他就是酿酒的全流程指导标准，从下料到勾兑成品全依靠他敏锐的感官与丰富的酿酒经验来完成。

郑义兴进入茅台酒厂担任酒师后，率先打破白酒行业陈规，主动提出恢复茅台酒老工艺，并将家中历经五代传承的酿酒技艺和自己积累了近40年的实操经验整理成册，以口述记录的方式初步形成了一套完整的茅台酒生产流程，成为茅台酒酿造工艺集成标准化奠基第一人。同时，他还积极带动其他老酒师打破行业陈规，让酒厂能够广泛征集到茅台酒的生产技术资料，初步形成茅台酒统一操作流程，并毫无保留地传授给年轻一代的酒师。

自此之后，这位酿造大师将余生都奉献给了茅台，兢兢业业指导茅台酒的生产，助力茅台酒逐步重现昔日的繁荣。郑义兴的开放格局与崇本尚道的工匠精神，在当时的社会条件下是不可多得的。与郑义兴一道毫无保留传授技术和经验的酒师们，让茅台在短时间内恢复正常生产，并且构筑起传承传统工艺和工匠精神的重要桥梁，为茅台未来几十年甚至百年的稳健发展提供了强大定力。

20世纪60年代，在国家的指示下，茅台迎来了"两期试点"，对茅台酒的工艺进行探讨与总结，让茅台酒的高质量生产从"必然王国"走向"自由王国"。与"两期试点"同期到来的，还有进入茅台的首批科研院校人才，季克良就是其一。

季克良是茅台酒厂第一位食品发酵专业毕业的大学生，回忆起刚到茅台时的情景，他说："我来的时候，三天才有一趟从遵义到茅台的班车，路是山脊路，很窄，常发生安全事故，没有人才愿意来。"当时，茅台水、电供应不稳定，生产用水皆由工人从河里挑回，生产过程也常因停电而中断。在与当地人交往的过程中，季克良还发现自己在语言上与当地人有明显的交流障碍。

他并不适应这样的环境，但内心历经几番挣扎后，他最终咬牙坚持下来，与茅台相伴了近60年。季克良从又苦又累的体力活开始，拉车、背糟、踩曲，再潜心钻研茅台酒酿造技术，开启了茅台酒传统工艺的现代科学酿造理论解析之路，成为第一个运用科学技术解开茅台酒酿造工艺谜团的传奇人物。他的研究成果极大地提高了茅台酒的工艺流程标准化程度，弥补了酱香型白酒生产标准缺失的空白，让茅台进入了传统工艺传承与科技创新并驾齐驱的时代。

在茅台的这几十年里，季克良对茅台酒的神秘工艺运用科学手段进行解析归纳，不仅发表了《我们是如何勾酒的》《白酒的杂味》《茅台酒的酿造与"老熟"》等几十篇论文，还提出了《提高酱香型酒质量的十条措施》《茅台酒传统工艺的总结》《贵州省茅台酒传统工艺标准》。同时，还为茅台的市场化布局出谋划策，使茅台在市场中站稳脚跟，顺利与资本市场接轨，迎来更大的发展机遇。

以季克良为代表的一代茅台人，不断激励着新一代的茅台工匠，让他们无论在顺境还是逆境中，都能克服困难，推动茅台前行。

2021年4月14日，茅台举行了首席酿造师严钢荣退暨终身名誉酿造大师聘任仪式。被授予"终身名誉酿造大师"称号的严钢，是在前一辈茅台人精神品格的影响下，传承发扬传统酿造工艺，助推茅台高质量发展的新时代茅台人代表之一。

1985年，初入茅台酒厂的严钢并不精于酿酒，但军人出身的他吃苦耐劳、勤勉好学。他常拿着笔记本与笔跟在老酒师身后，将生产操作的细节与关键性数据都记在本子上，以便在操作时参考。在20世纪90年代前，茅台都是人工背糟，严钢等制酒工人从窖池背一趟糟，背上承担的重量超过50公斤，每天背糟、甩糟、运送辅料、抬酒等，总计要搬运5000公斤以上的重量。但他们没有抱怨，而是潜心生产。

依靠所掌握的理论与亲身实践经验，严钢能解决诸多棘手问题。1993年，作为酒师的他曾带领制酒工人在生产设备并不完善的情况下，实现了产量与质量的双丰收。彼时，他所在的车间窖池环境较差，难以保证发酵物质量与数量，为改善此情况，他每次都亲自清理又黑又臭的窖池，直到清理干净后才肯休息。车间微生物欠缺时，他每天跑到两公里外的制酒车间搬运老窖底醅和窖底水，并在车间的窖池中一一配制好。终于，严钢所在的班组实现了双丰收。

对于生产效益较差的车间，严钢会对其进行全流程的指导。若工艺不规范，他就细抓操作，就算过程苦一点、慢一点、细一点也无所谓。酿酒全靠温度，温度把控不当就酿不出好酒，因此他最担心的一环就是温度控制。当有人直接用身体部位代替温度计进行测温时，他立即制止并告知用温度计测温的重要性。正是在他事无巨细的管理下，茅台酒的质量才得到保障。

如今，以严钢为代表的酿造大师们依旧在各个车间监督指

导，为制酒工人答疑解难，当被问及有什么酿好酒的秘诀时，他回答："只有苦干实干。"新时代的茅台人继承着先辈们用智慧凝结而成的精华，不忘初心，将崇本尚道、匠人精魂的优秀精神品格深深地镌刻进世代传承的酿造技艺中。

郑义兴、季克良与严钢三位大师仅是茅台人群体的侧写，他们的背后有千千万万个与他们一样的人，用一生来传承茅台工艺，践行工匠精神，构筑好茅台的生命防护线。随着时间的推移，这些优秀品格能够实现"复利效应"，即在保证酿造工艺不断层的情况下，释放出更多的宝贵精神与技艺价值，以此构成正向循环，不断为茅台积攒定力，让茅台克服前进道路上的重重困难，稳步前行。

与国家同向同行

国家经济发展红利

自中华人民共和国成立以来,人们目睹了中国从"赶上时代"到"引领时代",在工业领域、贸易领域和外汇储备领域逐渐成为世界上举足轻重的经济体的历程。在经济发展过程中,我国的宏观调控像火车头一样全力拉动着我国经济一路向前,一大批世界级企业诞生在神州大地上。在2021年《财富》公布的世界500强企业前五名中,中国企业就占据其三。

若将中华人民共和国成立以来的发展历程比作一条整体趋势稳健上行的直线,其中的一些重要节点,则意味着下一阶段的跃升。中华人民共和国成立、改革开放、中国特色社会主义新时代的开启,都为我国经济发展带来了巨大的机遇和前进动力,在为顺应时代发展的社会主体提供成长所需的养分的同时,也赋予了它们稳定发展的力量,茅台就是这样的社会主体之一。

如今的茅台，是由曾经的"成义""荣和""恒兴"三家私营烧房合并而成后逐渐发展而来的。1949年，茅台镇地方土匪势力猖獗，百姓难以安居乐业。镇上三家主要烧房"成义""荣和""恒兴"的厂房设施也十分简陋，发展境遇堪忧。次年7月，当地上千土匪被中国人民解放军剿灭，社会治安秩序逐渐好转。为尽快恢复茅台酒的正常生产，仁怀县人民政府给予了一系列政策扶持，但各家烧房由于种种原因，生产仍无明显好转之势。

茅台酒是我国走向世界的前瞻性符号之一，仁怀各烧房的状态引起了国家的重视。1951年秋，"成义"烧房被收归国有，"贵州省专卖事业公司仁怀茅台酒厂"（简称"茅台酒厂"）正式成立。在之后两年，"荣和""恒兴"烧房也陆续归进茅台酒厂，"三茅"正式合一。此时茅台酒厂建筑面积只有4000平方米，酒窖、酒灶、石磨等基础设施也十分匮乏。在国家政策的扶持下，时任茅台酒厂厂长张兴忠与十余名工人一起修复厂房，购置必要的生产设备与原料，并将茅台酒生产的相关事宜次第恢复，酒厂很快走上正常的发展轨道，步入了历史上第一个转型期，即告别农耕和家庭手工业作坊式的生产方式，正式迈入工业化时代。

为保障茅台酒的顺利生产，1952年6月，仁怀县县长亲自下令将各区仓库的小麦全部运至茅台酒厂专用于生产茅台酒，并下令不得耽误原料运输时间。在地方政府与茅台酒厂的共同努力下，茅台酒的生产得到了保障。

1952年9月8日，全国第一届评酒会在北京召开。经过严格评选，茅台酒在一众酒类产品中脱颖而出，成功获评国家名酒称号，位列全国八大名酒（贵州茅台酒、泸州大曲酒、山西汾酒、陕西西凤酒、绍兴加饭酒、烟台张裕金奖白兰地、烟台张裕红玫瑰葡萄酒、烟台张裕味美思酒）之首。在此次评酒会中获得名次的酒，其品牌与产品也在全国"一夜成名"。

20世纪50年代初正是世界"两极格局"巩固之时，而国内的大型重工业正亟待布局和发展，物资匮乏的客观条件严重束缚了工业的发展。为换取物资推进社会主义初期工业化，我国必须走出口创汇的道路。而茅台，肩负起了出口创汇的重要职责。

1953年2月，广州商行致函茅台酒厂，申请办理茅台酒的国外销售权。茅台酒开始通过中国香港、中国澳门打开了通往国际市场的渠道，进入东南亚地区、苏联和联邦德国等市场。是年7月，港、澳、台同胞纷纷来函称茅台酒是"祖国之光"。

1956年，茅台酒海外销量达14吨，约占其全年总销量的10%，按照当时的物价计算，一吨茅台酒相当于700辆自行车或40吨钢材。茅台酒在为国家创造大量外汇收入的同时，也开辟了广阔的国际消费市场，为茅台的国际化之路打下了基础。

如果说茅台在我国社会主义改造和社会主义建设初期稳定的环境中成长，并在国家的高度重视下深耕质量，逐步形成茅台酒制曲、制酒等工艺体系标准化模式，为之后的发展奠定了基础，那么改革开放则为茅台插上了一双"腾空翱翔"的翅膀。

1978年，党的十一届三中全会的胜利召开为中国经济复苏送来缕缕春风，从农村到城市，从沿海到陆地，从试点到推广，让各行各业百废俱兴。不仅如此，我国还实施了"引进来"与"走出去"的经济发展战略，主动融入经济全球化进程，中国经济形势空前高涨，逐渐成为世界第一贸易大国。

这一红利让中国各类企业的发展潜力得到充分释放，绘就一幅繁盛的商业盛景，茅台就是此红利的享有者之一。

在党的十一届三中全会会议精神指导下，茅台酒厂重新调整发展方向，在企业整顿方面向大庆看齐，开展了持续四年的"工业学大庆"项目，并根据当时国民经济的"八字方针"进行了以质量为中心的企业经营管理改革，当年就取得了可观成效，产量突破千吨大关，达到1068吨。与1977年相比，产量增加305吨，增长了39%。同时，销量达620吨，比1977年增长了60%。其中出口茅台酒175.4吨，创造历史新高。上缴税金达302万元，结束了连续16年的亏损局面，开始进入盈利阶段。[一]茅台酒的产量与质量稳步提高，经济效益也呈现出稳步增长的态势，茅台酒厂逐步从技术精攻型企业转变成为质量效益型企业。

随着改革的深入推进，茅台不断突破上限开创更壮阔的企业发展盛景。1984年，茅台扩建年产800吨项目指挥部组建完毕，迎来了第一个产能扩建高潮。1989年，茅台酒年销售收入

[一] 中国贵州茅台酒厂有限责任公司.中国贵州茅台酒厂有限责任公司志[M].北京：方志出版社，2011.

终于突破亿元大关。2001年，贵州茅台成功上市与资本市场接轨，资本力量的入局让茅台快速成长。2003年，随着配套设施的完善，茅台酒产能突破1万吨，再次刷新历史纪录。2019年，茅台集团的营收突破千亿元，其子公司贵州茅台股份有限公司的市值超过全球著名烈酒企业帝亚吉欧，茅台集团已成为全球酒类行业的佼佼者。

随着中国现代化建设进程的不断深入，茅台作为我国现代化企业代表之一，必须结合市场经济发展状况不断解放思想、更新观念，并积极实施优秀人才引进策略，不断改革体制，精进管理，完善产品结构，打造卓越的品牌，让曾经在市场经济浪潮中前行的"小木船"变成"航空母舰"，在市场经济发展中保持定力，稳健前行。

茅台的发展是国家经济发展的缩影之一。70余年来，中国整体面貌的转变让世界惊叹，中国崛起的密码成为众人探寻的目标。茅台虽然在曲折中前进，但其成长速度令人惊叹，经济学家更称之为"茅台速度"。中国经济向好发展是茅台稳健发展的保障，与国家同呼吸、共命运是茅台的定力所在。

居民购买力提升

先看一组数据：茅台的年营收从1亿元到10亿元，用了10年时间；从10亿元到100亿元，用了9年时间；从100亿元到1000亿元，用了11年时间。在几十年的时间里，若均匀地将10

年左右的时间作为一条线段，每条线段的实际"含金量"都不同，因为茅台每10年的营收几乎都呈指数级增长。

这种增长，一方面体现出茅台良好发展的态势，另一方面表明茅台之所以能够在同样的时间段内实现大跨越，与我国经济正向发展、居民购买力上升密切相关。消费作为拉动我国经济增长的一辆重要"马车"，它的增长有力地促进了经济发展，带动了各企业发展。

改革开放后，我国经济体制实现了从计划经济到社会主义市场经济的巨大转变，经济主体开始变得多元化，我国经济完成了农业经济—工业经济—知识经济—数字经济的路径转变。在路径转变过程中，我国的消费关系与消费水平也在悄然变化。1978—1984年，全国居民消费水平年均增长率达14.48%，其中农村居民消费水平年均增长率达29.8%。[一]

随着改革开放的深化，我国居民人均收入不断增长，居民购买能力显著提升。根据国家统计局发布的数据，2020年，全国居民人均可支配收入32189元，全国居民人均消费支出21210元。[二]消费需求不再聚焦于基本温饱，消费取向也由重量转变为重质。数据能够展现趋势的演进，1978年，城镇居民家庭恩

[一] 杨小勇，乔文瑄，杨育.改革开放40年来我国消费关系演变及其机理研究[J].上海财经大学学报，2019,21（01）.

[二] 摘自国家统计局官网的《2020年居民收入和消费支出情况》。

格尔系数为57.5%，农村居民家庭恩格尔系数为67.7%；[一]2020年，全国居民恩格尔系数为30.2%，其中城镇为29.2%，农村为32.7%。[二]

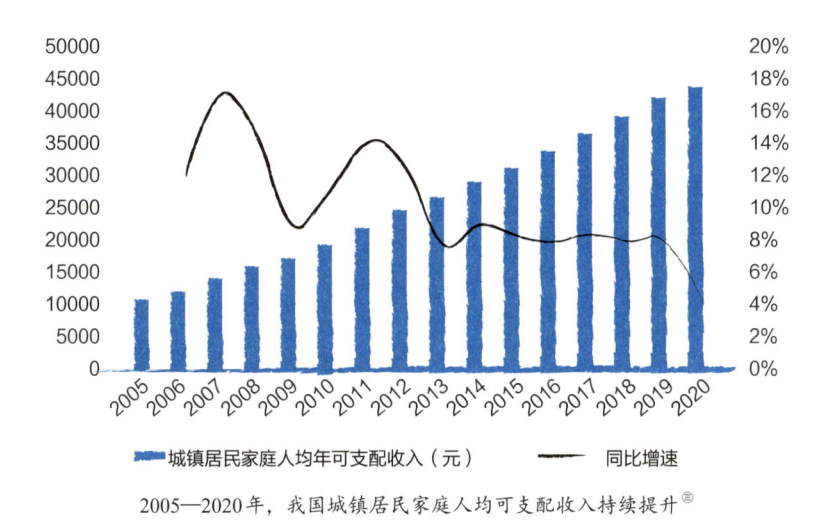

2005—2020年，我国城镇居民家庭人均可支配收入持续提升[三]

消费趋势的演进和居民购买能力的提升为我国白酒行业发展带来巨大的市场潜力。

一直以来，白酒就是我国居民消费酒类的主体，它不仅能够满足人们的基本饮用需求，还能够满足人们的情感需求与人际关系调节的需求。当居民购买能力较低时，人们对酒的要

[一] 杨小勇，乔文瑄，杨育.改革开放40年来我国消费关系演变及其机理研究[J].上海财经大学学报，2019,21（01）.

[二] 摘自国家统计局官网的《中华人民共和国2020年国民经济和社会发展统计公报》。

[三] 来自川财证券。

求往往停留在基本饮用需求阶段。随着消费能力的提升，人们开始强调酒的品质、口感、品牌等方面，这为我国中高端白酒提供了巨大市场，白酒行业出现了量减价升，以价格支撑行业增长的局面。2019年白酒行业销售收入5617.82亿元，同比增长4.73%；其中白酒销量同比降低11.61%，白酒均价同比上涨18.48%。[一]

作为高端白酒代表的茅台在居民购买力提升的背景下快速发展，勇往直前。

在进行国有企业体制改革前，茅台酒厂一直遵循国家指令开展生产工作，市场供需量也由国家调控和决定，使当时的茅台对市场的敏感度较低。加之当时国家对茅台的定位在一定程度上决定了茅台的消费者群体，居民购买力的强弱变化给茅台带来的影响并不明显。

在完成国有企业体制改革后，"皇帝女儿不愁嫁"的局面被改变，茅台开始主动拥抱市场。居民购买力的提升，让茅台的经销商团队在拓荒消费市场的过程中看见了茅台未来生存与发展的立足之地，开始在全国经销商体系的基础上，搭建茅台酒销售体系，助力茅台占据市场。

居民购买力的提升让茅台酒的社会需求量不断加大，也让茅台酒的销售渠道与销售方式向"立体化"转变。实体经济的大力发展与互联网经济的崛起，促使茅台与全国各地的商超、

[一] 摘自新浪财经的《品牌价值独一无二产区和工艺酿造茅台酱香》。

电商展开合作。多渠道的销售方式增加了茅台酒的市场占有率和市场流通率，带动茅台的营收和品牌效益显著提升。

值得一提的是，茅台酒生产工艺的特殊性决定了茅台酒的产能有限，供给的稀缺性决定了茅台酒并不能依照消费需求盲目增加产品的市场投放量。加之茅台酒的品牌价值已使其成为白酒行业的龙头，其他酒企难以与之匹敌。于是，茅台酒在原有的商品属性外，开始带有一定的金融属性。随着中高收入人群的增加，尤其是近年来我国高净值人群的增加，茅台酒的需求与供给之间的矛盾更加凸显，稀缺性有增无减。其原因除了茅台酒具有一定的金融属性，不少高净值人群本身也是白酒的爱好者，其对茅台酒的藏酒、囤酒等行为，很可能再次提升茅台酒的市场溢价，导致其在消费市场上的供需缺口进一步扩大。

受新冠肺炎疫情影响，虽然当下国际经济形势不容乐观，但国内经济增长还有很大空间，拉动内需成为我国的经济策略之一。在新经济格局下，国内消费市场的潜力将会进一步得到释放，为我国白酒发展提供广阔的市场空间。

行业调整中的茅台定力

1989年，拥抱市场经济

初入市场的中国白酒

　　1988年，改革开放大幕已拉开整整十年。这十年，我国综合国力和国际影响力日益增强，居民的生活与消费水平也实现跃升，经济发展持续向好。

　　但是，就在这一年，我国不少大中城市出现了抢购风潮：杭州市民在炎热的夏天扎堆抢购毛衣毛裤；在气候温和的昆明，人们抢购曾经卖不出去的电风扇；有的武汉市民因担心盐价上涨而一次性抢购了200公斤的食盐。不少消费者见东西就买，不管需不需要，也不管质量的好坏。大范围的抢购，使当时的供需关系迅速失衡，商品价格快速上涨。以当时的烟酒市场为例，一瓶500毫升的茅台酒从20元突然上涨至300多元，一瓶汾酒从8元上涨至40元，中华烟从每包1.8元涨至10多元。

而导致这一现象的原因，还得从我国的经济体制转型开始说起。为激发企业生产积极性、焕发市场活力、拉动经济增长，1985年我国实行了价格双轨制，即计划内的商品价格由国家控制，不在计划内的商品价格由市场调节。此制度虽然在一定程度上活跃了市场，但引发了不少"倒买倒卖"事件，扰乱了经济的正常秩序。

计划价格与市场价格之间有着相当大的差距，存在巨大的套利空间。一部分投机取巧的人利用价格双轨制，以多种手段低价囤积国家计划内的产品，再将其流转到市场上，高价出售，牟取暴利。

市场乱象引起国家的高度重视，为解决价格双轨制带来的不良影响，1988年国家取消价格双轨制，拉开了"价格闯关"的序幕。随之而来的是物价快速上涨，1988年的零售物价指数创下了1950年以来上涨幅度的最高纪录。[一]

此时，整个白酒行业同样处于经济体制转型的关口。对于白酒行业而言，这场关键时期的转型如"过五关斩六将"般艰难。

在计划经济时期，我国白酒的生产始终按照计划指令执行，定价偏低，各品牌之间的价格差异较小，同行业之间的竞争并不明显。

1988年7月16日，国务院正式印发《国务院关于做好放开名烟名酒价格提高部分烟酒价格工作的通知》，放开13种名烟

[一] 摘自中国新闻网的《改革开放至今的五次物价上涨与政府应对》。

和13种名酒的价格，同时提高部分中高档卷烟和粮食酿酒的价格，以调节供需关系，打击"黑市"交易，增加我国的财政收入。茅台、五粮液、汾酒、郎酒等13种名酒均在名单之中。政策一经推出，就出现了白酒价格"疯涨"的现象。

为扭转白酒价格"疯涨"的局面，1989年我国首次提出整治并限制政府机关单位白酒消费。加之名酒价格始终处在"高位"，老百姓并不是它们的直接受众，昔日备受追捧的名酒一夜之间无人问津。价格收紧政策颁布后，我国白酒行业进入首次调整期。

面对经济体制转型，白酒企业不得不自己寻找出路，以维持企业的正常运转。一时间，降价成为各大名酒企业保持市场占有率的有效突破口。有人调侃这一次降价让"名酒"变成了"民酒"。其中，茅台酒价格从208元陆续下调至95元，五粮液价格则陆续下调至45元，泸州老窖特曲价格陆续下调至35元。[一]

季克良回忆起当时的场景："名酒名烟不准上桌子，那个时候价格也不贵，几十块钱一瓶酒，但几乎没有人来买了。"尽管各酒企压低售价，但仍有不少酒企在短时间内难以"回血"，只能暂时从生产端进行调节。1979—1988年，我国白酒产量的年平均增速为12.8%，但1989年我国白酒产量仅为399万吨，同比下滑14.8%。[二]

[一] 摘自雪球网的《游历中国茅台的历史长河》。

[二] 摘自产业信息网的《中国白酒行业发展史分析及2018年中国白酒行业格局市场空间分析》。

打响市场"第一战"

曾经的茅台几乎"衣食无忧"——只管生产，不愁销路。在经济体制转型与企业改革之际，茅台面临的困境，似乎比想象中的更加艰难。

在市场销售方面，茅台酒1989年第一季度的销售量仅为90吨，远低于上一年同期的销售量。

大量的成品酒积压在库房内，致使成品酒库房一度爆满，酒厂被迫叫停正常运行的包装车间。同时，由于国家在新一轮的宏观调控当中采取了适度紧缩银根的货币政策，一时让依靠银行贷款周转资金的企业面临着极大的资金压力，茅台也没有足够的资金购买酿酒所需的原材料。

同时，原料的运输也成为一大难题。当时，贵州省内并没有茅台酒的专用小麦，而省外的小麦又因为种种问题无法顺利调进。正常来说，彼时茅台酒粮食投料的正常需求量为1700吨，而1989年4月，茅台酒的粮食需求量仅为400吨。不只是缺少原料，锅炉用煤、运输所需的汽油等必需品也同样存在供应紧张的情况。全厂所欠外债高达3000多万元，茅台酒的生产面临着严重的危机。

这是茅台在经济体制转型过程中遇到的第一个考验。茅台也意识到，只有开拓出新销售渠道，主动向外开辟产品市场，才能够真正把库房中积压成山的成品酒卖出，并建立可持续发展的"生产—市场"良性循环。由此，茅台迎来了第一次以拓

展市场为主题的远征。

其首要"攻略"的目标是我国东南沿海地区与东北地区。时任茅台酒厂厂长邹开良率领着一众人马前往东南沿海，而当时的茅台酒厂副厂长宋更生带领着另外一队人马前往东北各地，考察市场，研究如何拓展新的销售渠道。

这一年，广州的街边出现了这样的景象：正午的太阳将路面晒得滚烫，茅台的核心班子成员正坐在街边小摊里飞快地吃着炒饭，其间还不忘谈论与"销售渠道"有关的话题。吃完，连汗水都来不及擦拭，众人又马不停蹄地赶往下一个目的地。为了签单，大家像"游击队"一样东奔西跑。

市场形势变化让邹开良等人没少吃闭门羹，但一行人不断互相鼓励，没有人接待就吃街边小摊，没有找到合适的销售渠道就继续找。如此一来，东南沿海的六座城市都留下了茅台"拓荒队"的足迹。让团队倍感压力的是，在来到广州的头十天里，人倒是见了不少，可一张单子都没有签下来。什么时候才能签第一张单？众人在心中打下了问号。十天后，一位香港的老板向他们订购了两吨茅台酒，第一张订单终于签订成功。

万事开头难，第一张订单的成功签订为茅台"拓荒队"打了一剂"强心针"，此后大大小小的订单接踵而来，茅台在珠江三角洲成功打下了市场"锚点"，不仅顺利打开了茅台酒在东南沿海地区的销售渠道，还吸纳了一批优秀的经销商，并确立合作关系。

由于东南沿海地区消费水平偏高，邹开良等人还与经销商一同商量推销茅台酒的措施，例如策划广告语"要喝茅台酒，请到这里来"。在茅台与经销商的共同努力下，茅台酒在东南沿海的市场得到了不错的反响。同时，身在东北地区的宋更生等人也相继传回捷报。

这是茅台真正迈进市场的第一步，具有划时代的意义。

曾经闭塞的销售渠道正在逐渐"启封"，与市场沟通的桥梁正在逐步完成架设。同时，在开拓市场的过程中，茅台不断根据实际情况及时调整经营与管理方向，为此后的发展奠定坚实的基础。1989年，在众人的齐心协力下，茅台酒在全国主要城市中建立了21个代销点。

据统计，1989年全年，全国各代销点的茅台酒销售量占全厂自销总量的30%。㊀

不只是国内市场，国际市场也蕴藏着亟待发掘的巨大潜力。在中华人民共和国成立初期，茅台曾在国家物资紧缺、西方列强对华进行物资封锁时担起出口创汇的重要职责，为我国经济发展做出过巨大的贡献。

同时，茅台酒作为"中国名片"之一，在国际上有较高的知名度与美誉度，因此国外市场也成为茅台的开拓目标。1989年9月，邹开良走出国门，对国外重要城市和地区的部分国际市

㊀ 中国贵州茅台酒厂有限责任公司.中国贵州茅台酒厂有限责任公司志[M].北京：方志出版社，2011.

场进行实地走访考察。经过研究与调整经营决策，韩国等国的茅台酒销售渠道逐一建立起来。

除了建立新的销售渠道，为了开拓更广的市场销路，1989年茅台首次参加了全国糖酒商品交易会。令人惊讶的是，名酒茅台的展位竟然简陋得略显寒酸。正是市场带给茅台的巨大冲击，让茅台意识到必须放低姿态投入市场，才能在新环境中成长与发展。这一经历也为茅台拓展市场提供了强大动力。

这一年，在整个白酒行业内，茅台酒的销售最先走出困境，转劣为优。在全国白酒市场疲软、滑坡的严峻形势下，茅台全年生产茅台酒达1728吨，产量在保证质量的前提下稳中有升，比上年增长了32.9%；当年销售茅台酒651吨，完成销售计划的100.15%，销售额首次突破亿元大关，比上年增长了10.63%。㊀

1989年既是机遇之年，也是挑战之年。一些企业在此次行业调整中找到了迷雾之中的"破瘴法"，并为蓝图的绘就奠定了坚实的基础。茅台就是其中之一。季克良在回忆起当年茅台的选择时说："……是靠摆地摊、打广告过来的，通过创新机制、体制、营销模式……"㊁

在茅台人的群策群力之下，1989年茅台不仅战胜了资金短缺、资源紧张、市场疲软等各种危机，反而还在这场市场经济体制和行业经济的调整中实现了逆风翻盘，不论是生产经营

㊀ 中国贵州茅台酒厂有限责任公司.中国贵州茅台酒厂有限责任公司志[M].北京：方志出版社，2011.

㊁ 摘自新浪博客的《季克良：白酒传承与创新》。

还是经济效益，都创造了历史以来最好的水平。与市场的"磨合"，让茅台有机会拥抱市场且更加了解市场，也为之后茅台的市场化发展打下了坚实的基础。

1998年，与经济危机同行

经济危机下的行业调整

1997年7月，一场金融危机席卷泰国，并很快波及亚洲各国。短短一年，马来西亚、新加坡、日本、韩国等国家的金融市场纷纷陷入混乱，诸多企业宣告破产。

面对这场突如其来的金融危机，中国在承受巨大压力的同时，果断采取了应对措施。在宏观调控方面，中国通过坚持人民币不贬值实现经济软着陆，避开了汇率失衡带来的冲击，保证了国家经济稳定。

同时，我国仍然面临居民边际储蓄倾向上升、消费倾向下降、进出口交易额较大幅度下降、消费需求增长速度放缓等问题。1998—2002年，我国国内生产总值平均增速为8.3%，与1993—1997年11.4%的平均增速相比下降了3.1个百分点。[一]

[一] 摘自雪球网的《白酒朱格拉周期》。

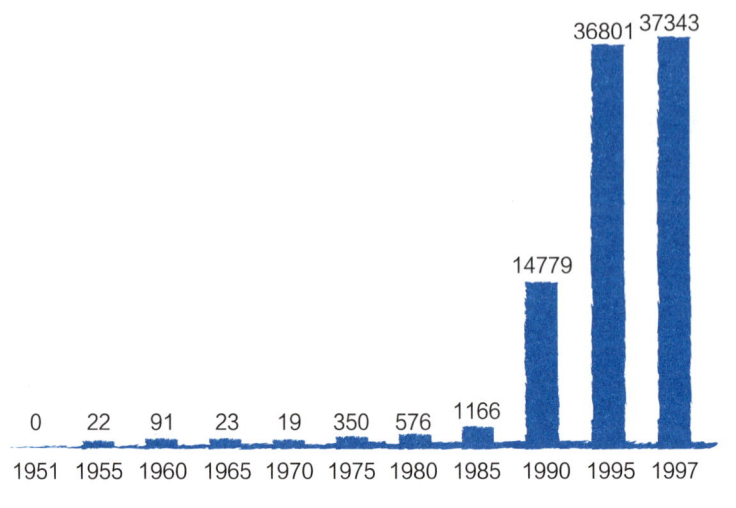

跨入市场前后茅台酒厂工业总产值对比（单位：万元）

年份	1951	1955	1960	1965	1970	1975	1980	1985	1990	1995	1997
产值	0	22	91	23	19	350	576	1166	14779	36801	37343

白酒行业是我国国民经济中的重要一环。受此次金融危机与我国宏观调控政策的影响，商务活动渐趋减少，白酒市场萎缩不可避免，导致不少白酒企业濒临破产。除了国际与国内大环境的影响，中国白酒行业本身也在进行"刮骨疗毒"。

1996年，凭借第二届央视标王头衔而名声大振的秦池，由于实际产能无法满足市场需求，在扩大生产规模的同时决定"剑走偏锋"，收购其他企业所产白酒来勾兑充数。这样虽然可以解燃眉之急，但缺点也显而易见——既不能保证酒的质量，也容易失信于广大消费者。

秦池购酒勾兑被媒体曝光后，鲁酒声誉受到影响，市场迅速萎缩，一些企业一度陷入经营困局。同时，因为白酒消费者愤怒于"每日出现在央视黄金时段的名酒竟如此粗制滥造"，对整个白酒行业都产生了怀疑。白酒行业面临的来自消费市场的信任危机，对行业的健康发展造成了巨大冲击。

一波未平，一波又起。1998年1月23日，山西省朔州市平鲁区人民医院接到一名头晕、呕吐且呼吸困难的患者，还没来得及将他推进抢救室，患者就突然死亡了。他的死因被医生诊断为"酒精中毒"。次日，该医院又接到两名同样症状的患者，其中一名患者未经抢救就死亡了，另一名患者因曾患高血压需要进行CT检查，在等待检查时当场殒命。同月26日，医院再次接诊几名相同症状的酒精中毒患者，甚至有的患者在被送往医院的途中就已死亡。㊀

接二连三的酒精中毒死亡事件，为原本喜庆的春节蒙上一层阴影。接诊医生发现，多起死亡事件均与饮酒有关。消息一经流传，"酒"再次成为焦点。

当地政府立即采取行动，查处整个平鲁区的散酒，仅当晚就查封1000余处散酒销售点，并收回部分散酒。㊁

而这一查，又掀开白酒行业另一黑幕。1998年1月27日，当地公安部门终于查清这些"毒酒"的来源——朔城区南关村商贩王青华的散酒批发店。原来，王青华先后15次购买了总计34吨的甲醇工业酒精，加水勾兑成57.5吨的散装白酒，并销售给当地的散酒批发商。经权威机构检验，这批假酒的甲醇含

㊀ 元坤. 中国二十年重案追踪（造假案）[M]. 北京：中国长安出版社，2010.

㊁ 摘自中国国家应急广播网的《那些令人震惊的假酒案》。

量已达到 36.1g/100ml，已严重超过国家标准 902 倍。㊀国家有明确规定，以谷类为原料的 60 度蒸馏酒，甲醇含量不得超过 0.04g/100ml。㊁

这场"毒酒"案，最终让 27 人丧命，222 人中度中毒入院治疗，多达千人轻微中毒。㊂其中还有几人因中毒失明，余生与黑暗为伴。

朔州毒酒案发生后，"毒酒"成为山西白酒的代名词，更出现了标题为"劝君莫饮山西酒"的媒体报道。细细想来，岂止是山西白酒，中国白酒行业早已面临来自消费市场的信任危机。

前后两次重大负面新闻的出现，说明当时的白酒行业积弊已久，乱象亟待整治。同时，朔州毒酒案也引起国家高度重视，针对我国白酒行业的配套监管体系和政策法规也在此时逐步成形。

在政策层面，自 1995 年我国颁布了第二次禁酒令后，中央 28 个部委做出公务宴请不喝白酒的决定，大幅削减了不少名酒企业的市场销售额。1996 年，为保护消费者合法权益、维系社会良好风尚，我国开始正式实行《酒类广告管理办法》，明确规定电视节目每日黄金时段的酒类广告不得超过两条，每日普通时段的酒类广告不得超过十条。报纸与期刊同样如此，每期发

㊀ 摘自中国国家应急广播网的《那些令人震惊的假酒案》。
㊁ 酿酒时怎样去除甲醇 [J]. 致富之友，1994（10）.
㊂ 摘自中国国家应急广播网的《那些令人震惊的假酒案》。

布的酒类广告不可超过两条且不能位于封面及报纸第一版。[一]对处于"广告繁盛时代"的白酒行业而言,这一管理办法阻断了大部分白酒的有效传播渠道。于是,各大酒企不再拼命地进行广告投标,而是"另辟蹊径"开始宣传白酒产品本身。

1998年5月,针对我国白酒市场生产乱象,国家轻工业部再次从生产源头加大监管力度,正式发布《酒类生产许可证实施细则》(以下简称《细则》),要求我国境内所有白酒生产企业必须取得生产许可证,才可进行白酒生产与销售活动;若没有取得生产许可证,擅自进行白酒的生产与销售,或以其他形式进行交易,都将因触犯相关法规条例而受到惩处。

另外,经销单位亦不能销售无证产品,违者按国家有关规定处理。《细则》附件还包含了白酒产品质量的考核方案、白酒工厂条件的审查要求等,以确保进入市场的白酒产品质量达标。

在多种因素的交替影响下,我国白酒行业进入第二次调整期。在1998年到2002年间,我国白酒行业的产量连续下降。2002年,我国白酒总产量为378.47万吨,与1997年的708.66万吨相比,下降了46.6%。[二]

在行业调整与金融危机的双重夹击下,白酒行业形势空前严峻。而作为中国白酒行业领军企业之一,茅台又面临着怎样

[一] 摘自《中国新闻出版报》的《白酒广告泛滥成灾 黄金时段禁播呼声高涨》。

[二] 摘自产业信息网的《中国白酒行业发展史分析及2018年中国白酒行业格局市场空间分析》。

的危机？

烧不死的鸟就是凤凰

用老一辈茅台人的话说：这是茅台历史上前所未有的严峻关口。春节期间本是茅台酒销售旺季，但1998年春节茅台酒实际销量仅为原计划的20%。第二季度春夏交会之际，茅台酒销量持续走低，不到年度计划的10%。至当年7月，茅台酒销量已降至"谷底"。综合来看，半年内茅台酒的销量甚至不到700吨，只占年度计划的30%。

"1997年时，茅台发展得还很好。当时很多经销商请我们吃饭，如果我们不去，他们会'生气'。到了1998年，因为各种原因，茅台酒不如从前畅销了，我们再去找经销商时，有的经销商会装作不认识我们。"一位茅台销售人员谈及当年情况时说。最艰苦的那段时间，茅台酒厂都拿不出足够的资金购买原料，甚至连发工资的钱都没有。

"还有一件让我印象深刻的事情。以前茅台酒不愁'出路'的时候，大家几乎都不重视销售，而1998年每当公司其他部门的人看见我们（销售人员），都希望我们能够多卖出去一些酒。"一位茅台资深销售人员补充道。

通过这两位茅台销售人员的回忆，不难想象茅台酒厂曾经的车水马龙与1998年的门可罗雀。因为长期按国家指令进行生产销售，茅台身上已有深深的计划经济烙印，尽管1989年曾初探市场，但短时间内茅台仍然无法抛弃计划，直面市场。更何况，在消费观念转变的背景下，白酒在中国酒业中的地位略显尴尬，过去"一统天下"的局面已不复存在。

随着市场经济的发展与地方政策的扶持，四川"六朵金花"（五粮液、泸州老窖、剑南春、沱牌曲酒、全兴大曲、郎酒）抓住了机遇，进一步占领白酒消费市场份额，与其他白酒品牌重新划地相争。与它们相比，茅台的市场经济意识有待提高，市场竞争机制也须尽快完善，需要从"皇帝的女儿不愁嫁"转变为生物进化论中"物竞天择，适者生存"的战略模式。茅台一旦采取了错误的发展方针，将面临无法挽回的损失。

发展战略的适时调整有利于企业正确把握行业风向。茅台通过"眼观六路，耳听八方"得出一个结论：只有在市场竞争中抢占制高点，才能继续留在中国白酒行业排头兵的阵营。

为了落实以市场为中心的战略，茅台人开始树立"生产围绕销售转、销售围绕市场转、市场围绕顾客转"的营销观念，将市场作为一切工作的出发点、着力点与落脚点，以完成从"酒香不怕巷子深"到"好酒也要靠吆喝"的转变。在这时，每一个茅台人都是进可"上阵拓荒"、守可"定锚主业"的企业骨干。

1998年7月，面对不尽如人意的市场反馈，茅台认真分析当前白酒行业的发展态势并迅速采取了对策。

首先要强化短板部分，即在当下竞争激烈的白酒行业内迅速组建起一支专业的营销队伍。1998年7月，茅台从公司内部89名报名者中，最终选定17名佼佼者，组成茅台酒厂历史上第

一批专业营销队伍。这支队伍在茅台内部被戏称为"敢死队"。

经过短期的强化训练,十几名销售人员在公司领导与中层干部的带领下,迅速分散打入全国各地白酒市场,希望借此进行有效的市场调研和潜力挖掘,逐步建立茅台自己的市场资讯系统。这一办法卓有成效。为继续壮大销售力量,加强营销队伍建设,茅台再次从内部招聘了30余名销售人员,分派至全国6个销售片区进行"拓荒增援"。

为实现精准营销,营销队伍根据市场实际情况,提出了具体的营销理念。对此,在《中国贵州茅台酒厂有限责任公司志》中有如下描述:

> 增强一个观念(市场观念,做到一切围绕市场转);树立一个信心(完成任务的信心);做到两个依靠(依靠总经销商和特约经销商);调动两个积极性(调动总经销商和特约经销商积极性);做到两个瞄准(瞄准酒店和商场,推动最终消费);严格两个限制(限制低价倾销和出口酒倒流);改进三项工作(改进销售作风、改进包装质量、改进服务质量);做到四个落实(专柜落实、经销商完成计划和追加计划落实、新网点的投放量落实和老包装茅台酒处理的落实);五个到位(营销人员到位、服务到位、宣传到位、打击假冒侵权到位、奖惩制度到位)。[一]

根据这一营销理念,茅台不断巩固现有的总经销商体系,并在各省会城市,或是具有巨大发展潜力、经济增速迅猛的城

[一] 中国贵州茅台酒厂有限责任公司.中国贵州茅台酒厂有限责任公司志[M].北京:方志出版社,2011.

市，又或是著名旅游城市，选择信誉良好且实力强劲的白酒销售企业，建立特约经销商网络。同时，在各省市的高级酒店、商场与娱乐场所，逐步铺设风格统一、服务规范的茅台产品专柜，进一步扩大与完善茅台产品的零售网络，率先占领市场先机。在此过程中，茅台始终以消费者为中心，通过加强服务建设，优化线下体验，不断拉近与消费者的距离。

除了加强营销网络建设，重视服务质量提升，茅台还采取了其他方式来应对激烈的市场竞争，以求在"强强聚首"的白酒市场中开拓出属于自己的一条道路。

产品结构调整是茅台的另一个重大战略。20世纪80年代，改革开放为部分国外新鲜事物进入中国提供了丰富的渠道。随着人们收入水平的提升，消费选择呈现出多元化、多样性等特点。1987年，第一家肯德基在北京前门的繁华地段开业时，店内座无虚席，店外车水马龙，吃一次洋快餐成为当时赶潮流的方式之一。上映的电影中也时常出现人们西装革履，坐在充满情调的西餐厅中品尝红酒的画面。红酒作为当时酒水界的"新宠"，为茅台打开了新思路。

红酒的"年份"会直接影响它的质量与口感，因此一直是衡量红酒价值的一把标尺。茅台受此启发，将年份红酒的概念与中国白酒相结合，适时推出了30年、50年与80年的年份茅台酒。自此，年份茅台酒成为与洋酒竞争的有力对手，直接增强了茅台酒的市场竞争能力。

与市场磨合，就是要不断打开市场、深入市场。为此，茅

台开始利用各种场景增加茅台酒的亮相机会。例如在国家各个法定节假日期间，举办中国名白酒发展战略研讨会、全国名家诗会、茅台酒产品订货会等。同时，在北京、上海、沈阳、西安、郑州、昆明、济南、武汉、广州等大城市开展促销活动，进一步让茅台酒走进大众视野，与人们的日常生活产生紧密联系。通过举办丰富多样的营销活动，茅台的品牌影响力和市场美誉度再次得到提升。

1998年9月，在茅台酒厂内举办的"中国名白酒发展战略研讨会"，为我国白酒行业的复苏注入了一针强心剂。此次会议有来自国务院发展研究中心、各名酒厂的人员与近百名酒类专家参与，认真探讨了我国名白酒的发展前景与白酒的风格、质量等相关问题。会议指出，名白酒即便在市场竞争中具有强大品牌优势，也依然应时刻关注市场与消费者，以便及时调整营销策略。

正是这次会议，让我国白酒企业形成了一个共识：白酒行业不是"夕阳行业"，只要研究市场需求，做好消费引导，做好自身科学管理，就能实现长足发展。

会议上，各位专家还对茅台酒在当下市场环境中的发展前景进行了深度探讨，让茅台人深受启发。

1998年下半年，尽管茅台依旧面临行业调整与亚洲金融危机的双重压力，但"混合出击"的策略已让其市场前景逐步明朗。

在公司与营销队伍的共同努力下，茅台在1998年共发展了102家新客户，建立了44个售酒专柜，为茅台酒今后销售渠道的建设与发展打下了坚实的基础。同时，在最后五个月的时间里，茅台顺利完成了全年销售计划的70%。根据1999年茅台董事会工作报告，茅台全年销售总收入6.74亿元，比1997年增长了13.42%。

虽然这一路上充满各种挑战，可茅台从未因外界的干扰而降低产品管控和品牌塑造的标准，反而在质量、销售等方面更上一层楼。

烧不死的鸟就是凤凰。在1998年这场行业大火中，茅台第一时间分析局势，认清发展短板，迅速组建了一支吃苦耐劳、能打胜仗的营销队伍，深入竞争激烈的白酒市场，开辟出了一条茅台发展之道。

1998年，是茅台伤痕与光辉并存的一年。也正是因为这一年的经历，茅台改变了对市场的看法，更注重产品的质量，塑造了由内而外的发展定力。

2012年，深度调整下的白酒行业

"内生泡沫"的破灭

1998年的转折，让中国白酒行业进入第二次调整期。五年后，随着世界经济回暖与我国宏观经济的全面回升，中国白酒

行业终于迎来"黄金十年"。

在"黄金十年"期间，白酒行业呈现百花齐放的态势，市场竞争的激烈程度前所未有。为占领白酒市场，各酒企纷纷拿出制胜绝招，以茅台、五粮液、泸州老窖为代表的高端白酒在品质与价格上下功夫，通过品牌效应让消费者买单；以洋河、汾酒、古井贡酒等为代表的中端白酒在地方政府的助力下快速崛起；其余中小型的白酒企业也在这段时间依靠行业发展的红利而迅速扩张。2003—2011年，我国白酒行业营收的年复合增长率达27.34%。[一]

万物皆有周期，我国白酒行业经过十年蓬勃发展，积累的内生泡沫于2012年开始破灭。同时，就经济发展而言，2012年前后，国内外情况均不容乐观。

国际方面，不少国家的发展仍旧受制于2008年世界金融危机。美国经济复苏缓慢，欧洲的债务危机远未结束，新兴经济体的增速也逐渐放缓，加上国际政治局势不稳，全球经济几时回温还未可知。

国内方面，中国宏观经济形势进入低速增长期，面临巨大的下行压力。2012年第一季度，我国社会消费品零售总额达49319亿元，扣除价格因素，实际增长10.9%，消费增速有所放缓，相较于2011年同期，下降1.5个百分点。[二]同时，数额庞大

[一] 摘自产业信息网的《中国白酒行业发展史分析及2018年中国白酒行业格局市场空间分析》。

[二] 摘自中国行业研究网的《2012年我国宏观经济发展情况探讨分析》。

的货币存量与输入性通货膨胀两相作用，导致国内面临较大的物价上涨压力。在此严峻形势下，中国确定了"稳中求进"的总基调，不再刻意追求高速增长。

在国际与国内的双重经济压力下，投资、出口受阻，消费增速放慢，必然会导致各行业部分产能过剩，致使地方债务风险增加。在这种情况下，高端白酒的消费市场相对缩小，其他价格带的白酒消费市场也部分萎缩，导致整个白酒行业发展减速。

2012年，我国白酒行业的突发事件也层出不穷，安全与信誉的警钟被频频敲响。某些酒企为了满足市场需求，大规模地收购外部散酒，通过一系列的勾兑和包装操作后，让普通白酒摇身一变成为高端白酒。某些酒企花费重金采购食用酒精勾兑旗下产品。尽管不少酒企都出面为自己澄清，但这些现象造成的恶劣影响无法被忽视，消费者对白酒的信任度一跌再跌。

2012年深秋，震惊全国的塑化剂事件爆发，几乎将整个白酒行业带入深渊。11月19日，一篇关于"酒鬼酒"塑化剂含量超标的新闻报道引爆全网。原来，某媒体记者购买了多瓶438元的酒鬼酒，并送至上海天祥质量技术服务有限公司进行检测，结果显示酒鬼酒中的塑化剂含量为1.08mg/kg，已超标260%。㊀

紧接着，人们开始在网络上看见各种有关塑化剂危害的信息，如毒性比三聚氰胺还高出20倍、长期食用塑化剂超标的食

㊀ 摘自人民网的《酒鬼酒塑化剂事件检测机构声明称报告准确无误》。

品会损害人类的生殖健康等。该事件发生不到一日，我国白酒板块全线大跌，两市白酒股的总市值一天就蒸发了330亿元。○一

10月21日，湖南省产商品质量监督检验研究院发布了对50度酒鬼酒样品的检测结果，称塑化剂最高检测值为1.04mg/kg○二（与之前媒体报道的1.08mg/kg略有差异），且此结果经过了国家质检总局、卫计委、国家食品安全风险评估中心的认定。

"白酒行业还有放心酒吗？"公众在心中打了一个问号。屡次发生的"黑天鹅"事件，令白酒行业从产品市场到资本市场都受到了沉重打击，使我国白酒行业进入了第三次调整期。

"迷雾"中的正名

在白酒行业进入第三次调整期前，茅台已经因茅台酒滞销引起关注。不久，白酒行业第三次调整大潮涌来，催促着茅台迅速采取措施，加快转型升级，早日突围。

2014年，我国白酒行业一派萧索。从已上市的白酒企业年报可知，2014年前三季度，15家白酒上市公司的营业总收入与上年同期相比下降了14.25%。而在这15家白酒上市公司中，却有一家公司实现了净利润增长，它就是茅台。

在政策与市场压力下，茅台是如何摆脱滞销困境，做到一枝独秀的呢？

○一 摘自《南方都市报》的《酒鬼酒陷塑化剂漩涡 白酒股蒸发330亿》。

○二 摘自财新网的《湖南省质监局：酒鬼酒被检出含塑化剂》。

2012年，塑化剂事件曾波及茅台，茅台第一时间进行了澄清。首先，茅台坚决否认在白酒生产过程中有人为添加塑化剂的行为，所有成品酒的各项指标均符合国家标准；其次，茅台表示从2011年起就严格筛查与评估了生产中涉及的塑料制品，并将它们纳入质量监控系统；最后，为打消消费者的顾虑，茅台向公众普及塑化剂相关常识，并宣布已建立更严格的监管体系，实现了无塑化生产。

2013年，针对茅台酒滞销的情况，中共贵州省委向茅台提出了"三个转型，五个转变"的要求。"三个转型"即发展思路、营销策略、管理模式转型；"五个转变"即由公务消费转向商务消费、高端客户转向普通客户、专营专卖转向直营直销、国内市场转向国内国际市场、被动营销转向主动营销。在这一战略的指导下，茅台打出了一套"组合拳"：全面触网、放宽经销权、"腰部"发力等。

对于白酒企业而言，销售渠道犹如血管，不通则会造成生命危险。自2012年高端白酒屡屡受挫后，百元价格的地方酒由于在当地知名度较高且拥有稳定的消费群体而异军突起，呈现稳定增长态势。相比知名白酒，人们更愿意购买几十元到一百元不等的省内品牌白酒。

高端白酒渴望打开更广阔的市场，而无数地方白酒又在"围攻"高端白酒长期占据的大城市，在这种情况下，谁的销售渠道更多谁就更有优势。

2013年5月，茅台提出了"以经销商为主，直营店为辅；

以实体网络销售为主，虚拟网络销售为辅"的营销思路，开始正式拓展销售渠道。

经过前两次行业调整，茅台已经意识到主动出击的重要意义，所以在这一次行业深度调整期间，茅台更加积极地应对变化，主动探索新的经销商合作路径。

2013年7月，为吸引愿与茅台长期合作、秉承互利共赢理念的经销商，茅台开始放宽线下经销商的准入门槛，启动了第一轮扩大招商。如果酒商以999元/瓶的团购价购买30吨飞天茅台酒，一次性打款超过6000万元，且在一年内售完30吨飞天茅台酒，就能在次年成为茅台经销商，可以按819元/瓶的出厂价进货。这些招商举措不仅给予现有经销商更多实惠，还吸引了更多极具市场营销能力的经销商加入，一起开拓市场。

第一轮扩大招商取得了不错的成绩，所以在不到一年的时间里，茅台又推出了第二轮扩大招商。2014年6月，茅台指出无论新旧经销商，只要在一年内完成800万元的进货，就可拿到飞天茅台酒的代理权。

两轮扩大招商，不仅吸引了实力雄厚的经销商，还为茅台拓展空白市场提供了强有力的支援。

江苏省靖江市的一位经销商就在这两轮招商中大量买进茅台酒，甚至不惜用所有身家来增加茅台酒的存货量。事后回忆那时的"疯狂"举动，她认为尽管行业不景气，但茅台酒的市场需求量仍旧很大。这足以证明，茅台经销商们对茅台酒充满信心。

为了拓展市场，不少经销商将目光转向了较为空白的农村市场，尤其是沿海消费水平较高地区的农村市场。当时，人们热衷于用高档餐具与桌椅布置酒席会场，经销商就以此为契机向市场承诺，只要酒席使用茅台酒及其系列酒，就免费向客户提供高档餐具。甚至有经销商声称，只要婚礼用酒选择茅台酒，就可免费享受以百万元级别的豪车作为婚车的礼遇。

除了建设与优化线下营销队伍，茅台也在逐步探索与布局电商平台的销售，主动拥抱互联网。

2013年7月，茅台正式与酒类电商平台酒仙网在北京签署战略合作协议，双方展开全面深度合作。酒仙网由此成为茅台首家合法授权的网络经销商。作为合作方，酒仙网可以和与其形成战略联盟的十余家电商平台，共同销售茅台旗下的全线产品，包括53度飞天茅台酒、茅台年份酒、汉酱酒等。

对于传统白酒企业与电商合作，不论是合作双方还是业内人员，都持看好态度。酒仙网董事长当时就断定："现在白酒网购量占总销量的比例可能就0.5%，但未来增长到5%不成问题。"如今来看，这番言论确实没有夸大其词，网络平台已成为人们购酒最重要的渠道之一。

通过拓展多种营销渠道，茅台的市场逐步向好，滞销压力也逐渐得到缓解。同时，在茅台布局营销的过程中，良好的品牌效应不断发挥作用，为其在第三次调整期内的恢复与发展提供了动力。

在茅台与酒仙网签署战略合作协议的同一天，英国著名品

牌评估机构BrandFinance公布了2013年全球最具价值的50个烈酒品牌。其中，茅台紧随威士忌酒尊尼获加之后，荣居第二位，成为品牌价值增长最快的烈酒之一。除此之外，在《福布斯》公布的"2013年全球最具创新力的100强企业"名单中，茅台名列第46位。在"亚洲十大最具创新力企业"中，中国有5家企业入选，茅台是其中唯一一家酒企。

在多方努力下，根据茅台2014年董事会工作报告，2013年茅台的白酒销量达59853吨，同比增长5.62%。其中，茅台酒销量同比增长6.50%，完成年度计划的116.20%。茅台实现销售收入（含税）402.85亿元，同比增长14.01%，实现利润总额222.95亿元，同比增长12.85%。对于当时还未恢复元气的白酒行业而言，茅台率先从"阴霾"中走了出来。

在第三次行业调整期间，茅台凭借审时度势的战略眼光，以及与经销商的无间合作，迅速找到解决困难的突破口，最终占领市场的制高点，走上了进阶之路。

2019年，在高质量中通向千亿级营收

高质量时代中的白酒行业

过去几十年，中国凭借经济的飞速发展取得不少举世瞩目的成就，人们骄傲地将这种变化称为"中国速度"。

随着中国特色社会主义进入新时代，我国社会主要矛盾已

经转化为人民日益增长的美好生活需要和不平衡不充分的发展之间的矛盾。

自2008年金融危机后，世界经济复苏缓慢，外部"马车"对中国经济的拉动力减弱，内部环境也发生变化，原有的经济增长模式明显已经落后。此时转变发展方式、优化经济结构、转换增长动力迫在眉睫，高质量发展成为必然选择。

"高质量发展"是我国各行业发展的明灯，白酒产业也把握住了这一长期结构性机会。不同于过去靠着要素投入、规模扩张、忽视质量效益的粗放式增长，2019年前后的白酒市场价格逐渐回归合理，市场结构不断完善，产业结构与产品结构也在不断优化升级。我国白酒产业的发展趋势呈现出三个特点，即品质至上、两极分化、集中度提高。

就品质至上而言，随着我国社会主要矛盾的转化，消费者更加倾向品质消费，名优白酒更契合大众与日俱增的美好生活需要；就两极分化而言，更具规模、品牌效应的白酒企业在市场竞争中更具优势，而规模较小的白酒企业的生存空间将不断被压缩；就集中度提高而言，白酒行业市场份额同样加速向优势产能、品牌和产区集中，行业结构正在转变。

2019年，白酒行业发展趋势的上述三个特点愈发明显。以中国白酒行业规模以上的企业数量变化为例，2017年，中国白酒行业规模以上企业数量为1593家；2018年，规模以上企业数量为1445家，比上一年减少148家；2019年1月到4月数据显示，规模以上企业数量进一步减少至1176家，与2018年同期相比减

少了274家。㊀除此之外，在我国高端白酒的阵营中，泸州老窖、宜宾五粮液、贵州茅台等头部酒企长期占据白酒市场绝大部分份额，且行业集中度仍在加速提高。

在高质量发展的宏观引导下，2019年我国白酒行业创造了优秀成绩。

2019年，宜宾五粮液本着稳中求进的总基调，在经济指标、改革创新、品牌文化等方面取得了可喜的成果。12月18日，宜宾五粮液集团董事长李曙光向众人分享了一张耀眼的成绩单——五粮液的营收突破千亿元。

泸州老窖也在这一年坚持"国窖1573+特曲品牌复兴"双轮驱动，并对国窖1573实施终端配额制与价格熔断机制，控制供给，力挺批价，全力以赴将国窖1573单品销售破百亿元，成就百亿元大单品。泸州老窖还通过打造文化IP，与文化艺术大师合作等方式，进一步提升泸州老窖的品牌文化力与影响力。

位列行业第三的洋河则在2019年选择降低发展速度，通过大刀阔斧改革市场，激发渠道活力，恢复价格张力，更率先在行业内提出品质革命，在高质量发展的赛道上行稳致远。

在其他白酒公司调整方向以求成果最大化时，茅台也迎来了最具里程碑意义的一年。

第一件意义重大的事发生在五粮液年营收突破千亿元的前

㊀ 冯孔.回望2019年酒业发展[J].食品界，2020，（02）.

两天，时任茅台集团党委书记、董事长的李保芳，在2019年度酱香系列酒经销商联谊会上正式宣布："以目前情况，茅台实现'千亿'已无悬念，我今天告诉大家，茅台今年的销售额总量是1003亿元，我们将顺利摘下这颗'桃子'，提前一年完成'十三五'规划目标。"㊀茅台成为中国白酒行业中第一家千亿元级的企业，打开了中国白酒企业"千亿俱乐部"的大门。

2019年，茅台全年营业收入1003亿元，同比增长17%；工业总产值950亿元，同比增长16%；增加值990亿元，同比增长16%；净利润460亿元，同比增长16%；实现税收416亿元，同比增长8%；全面完成年度目标。㊁

第二件意义重大的事是贵州茅台市值跃居A股第一。2019年10月15日，贵州茅台逆势收涨2.63%，收盘价成功站上1200元，盘中最高涨超3%，公司总市值也达到了1.52万亿元。在A股上市公司中，贵州茅台市值仅次于工商银行与中国平安。是年11月21日，贵州茅台下跌0.2%，工商银行下跌1.21%。贵州茅台A股市值由此达到1.55万亿元，超过工商银行，跃居沪深两市首位。㊂

两大重要事件折射出三大关键词：市值过万亿元、年营收过千亿元、股价过千元。"三个过"就是茅台2019年的奋斗成

㊀ 曲洋.中国酒业首家千亿巨头诞生贵州茅台销售额1003亿，股价突破1000元大关[J].企业观察家，2020，000（001）.

㊁ 茅台集团年鉴编委会.茅台集团年鉴2019[M].贵阳：贵州出版集团，2020.

㊂ 冯孔.回望2019年酒业发展[J].食品界，2020，（02）.

果，在此之前，茅台领导层曾多次在重要场合提及："今年我们希望看到三组数据，市值过一万亿元，股价超一千元，收入上一千亿元。"从2019年的成果来看，茅台的"三过目标"已完美实现。

奔着千亿元"干"

在行业竞争激烈的2019年，众多酒企都在强调高质量发展，茅台是如何突出重围走向千亿元的呢？

2019年初，在深入洞察我国社会经济环境后，茅台相信即使目前国内经济依然面临下行压力，但"稳中求进"的工作总基调终会激发更多红利。且茅台判断白酒市场仍保持基本稳定局面，还在上升期，只要茅台保持定力，就能获得发展空间。基于对外部环境的判断，茅台大胆定下了2019年的目标，奔着千亿元干！"千亿目标"的引领，让茅台人树立起不设上限、不留余地、不留退路的行事准则。

2013年，受行业大环境与宏观经济下行的影响，茅台酒市场曾一度陷入困境，直到2016年上半年才有转机。2016年5月，茅台开始通过多种方式促进价格合理回归，想方设法提高经销商效益。在茅台与经销商保持定力并主动适应经济新常态时，茅台酒的市场流通价从800多元涨到2000多元，实现了从买方市场到卖方市场的转变。

同时，从2016年开始，茅台对经销商进行了两轮淘汰，淘汰的一部分是未能顶住市场压力而主动退出的经销商，另一部分是随着专项整治的深入推进而被陆续清理出局的"三违"经销商。同时，为稳定现有经销商，茅台采取了凝聚市场力量的举措，以促进厂商同心。

茅台在市场上的努力，为2019年营销措施的推行打下了坚实基础，也为千亿元营收埋下伏笔。

有人用"极为特殊的一年"来形容茅台2019年的营销工作。虽然过去几年茅台酒在市场上成功转型，但这一年，茅台的销售队伍开始全面调整，加上专项整治的深入推进，茅台在市场方面呈现出异常紧张的态势。同时，茅台酒价格快速上涨，让经销商有所动摇，对市场的把控也成为茅台最重要的挑战之一。面对重重挑战，茅台始终保持定力，较好地应对了来自各方的压力与风险。

值得一提的是，在对原有经销商进行两轮淘汰后，2019年5月，茅台成立贵州茅台集团营销有限公司（简称茅台营销公司），负责茅台酒与集团公司酒类产品的销售工作。茅台营销公司建立了"加大自营渠道构建、扁平化发展、社会渠道错位发展"的市场营销新体系，通过公开招商、商务谈判、实地考察等方式，积极探索新的销售渠道。

在长达5个月的时间里，茅台营销公司深入全国实地考察12次，考察定制性团购客户440余家，商超卖场50余家，经过严格把关与层层筛选之后，发展了5家商超卖场，覆盖北京、上海等25个经济发达省市的市场。同时，为了扩大商超的覆盖面与影响力，汲取更多发展经验，公司还面向浙江、江苏、四

川、重庆等11个区域，发展了19家商超卖场。[一]

不仅如此，茅台酒的销售渠道也呈现出线上线下同步拓展的局面，茅台营销公司先后与两家物流体系覆盖全国的知名电商天猫超市、苏宁易购签署合作协议，计划投放371吨，[二]以减少中间环节，满足消费者的购酒需求，加大了直销与渠道扁平化的程度。

"一出一进"政策，不仅留下了现有的优质经销商，还吸引了更多优秀经销商，初步构成了"错位发展，互为补充"的市场营销新体系。

2019年，茅台酒的社会渠道、直营渠道与自营渠道销售量占比分别为65%、28%与7%。[三]直营渠道的增加，使茅台酒的销售渠道更加立体化，打破了过去多依赖社会渠道的营销格局。

除此之外，茅台营销公司还不断发展优质团购客户，增加高净值客户黏性。2019年6月，招商银行与贝恩公司联合发布了《2019年中国私人财富报告》，报告显示，截至2018年末，中国高净值人群数量已达197万人，其中拥有可投资资产1亿元以上的超高净值人群规模约17万人，而拥有可投资资产5000万

[一] 茅台集团年鉴编委会.茅台集团年鉴2019[M].贵阳：贵州出版集团，2020.

[二] 茅台集团年鉴编委会.茅台集团年鉴2019[M].贵阳：贵州出版集团，2020.

[三] 茅台集团年鉴编委会.茅台集团年鉴2019[M].贵阳：贵州出版集团，2020.

以上人群规模约32万人。㊀名优酒因为兼具收藏与金融价值，是高净值人群热衷的投资对象之一。尤其是2012年后，茅台酒的消费主力转向商务群体，高净值人群就成为茅台酒的重点销售对象之一。

2019年，有600多家企业向茅台营销公司申请了团购业务，申请量超1000吨。其中，年营业额100亿元以上的企业多达400家；世界500强、中国500强及民营500强企业达100多家。㊁这些企业不仅价格敏感度比一般零售客户低、购买力更强，还具有对茅台酒的需求量大、需求稳定、关联单位多等特点。由此可见，高净值人群与团购客户的加入，为茅台应对市场下行压力，增加了底气。

为积极引领茅台酒的价格回归理性，茅台营销公司也打出了一系列"组合拳"，实现了控价稳市。第一，利用商超、电商覆盖面广、客户量大的优势，在国庆、中秋等节日期间加大了在这些渠道的投放量；第二，持续开展以使用后但完整的包装材料换购茅台酒的"轻松复购活动"；第三，开发了上百吨定制酒，按照"小批量、多批次"的原则向企业客户实施精准投放；第四，推出了"贵州茅台酒·侯德昌书画艺术酒"等定制酒。

2019年的奋斗，让茅台营销公司取得了不俗的成绩：全年

㊀ 摘自《中国经济周刊》的《2019中国私人财富报告出炉：2018年高净值人群达197万人》。

㊁ 茅台集团年鉴编委会.茅台集团年鉴2019[M].贵阳：贵州出版集团，2020.

销售茅台酒596吨，完成年度计划100%，营收达到18.34亿元。

除了茅台营销公司，贵州茅台酒销售有限公司（简称茅台销售公司）也在其中发挥着重要作用。这一年，茅台销售公司业绩实现了历史性的突破，全年销售茅台酒34562.46吨，同比增长6.46%，实现营业收入758亿元，同比增长15.75%。

为了在营销改革方面取得突破，茅台销售公司紧紧围绕"定位、定向、瘦身、规范、改革"方针，推进营销机制重构，同时创造更加优质的"环境"，形成政府有收益、企业有效益、经销商有保障及消费者更满意的共赢局面。

同茅台营销公司一样，茅台销售公司为控价稳市和推动茅台酒市场的健康发展，采取了严格措施。譬如严格实施"月度销售80%"的计划，引导所有经销商每月计划投放终端零售量的比例不低于60%，团购及批发比例不高于20%，库存比例也不高于20%，进而增加了茅台酒在市场上的流通量，缓解了供需不平衡的情况。

为检查经销商是否按照此制度执行，茅台销售公司会通过突击检查、暗访督查等方式，检查经销商是否有违规囤货、高价销售、转移销售等行为。

同时，茅台销售公司通过"微信扫码""预约购酒"等措施，有效减少了市场上对茅台酒的投机炒货行为，尽可能满足所有消费者的购酒需求。

为了推动营销体系的改革，茅台销售公司不再审批新增茅台酒社会渠道经销商，同时终止了内部的批条零售，统一实行每瓶茅台酒1499元的零售价格，杜绝了"批条子、炒单子"的情况。

值得一提的是，2019年"茅台酒+系列酒"的双轮驱动战略也取得了不俗的成绩。在2019年度酱香系列酒经销商联谊会上，李保芳宣布全年预计可完成系列酒销量30000吨，实现营收102亿元，同比增长13%。茅台酱香系列酒营收破百亿元，已占茅台营收10%以上，可见系列酒的作用愈发凸显。

这一年，酱香酒公司为了进一步拓展市场，提升竞争力，对经销商提出了更高的要求。在清理500余家"三无"经销商，优化经销商的同时，酱香酒公司也在不断与中石油、国美等优质企业开展合作，进一步打造"立体式"营销网络。

为实施非均衡发展战略，实现资源优化配置，酱香酒公司还集中打造大市场，推动山东、河南两地销售额双双突破10亿元大关。同时，酱香酒公司也在不断创新零售模式，打造酱香酒文化体验中心，有针对性地丰富品鉴活动的服务，进一步培育酱香系列酒的消费群体。

在多种方式的推广下，以茅台王子酒为核心的"1+N"大单品群逐渐形成，茅台渐成体系的产品结构为今后的发展提供了重要支撑。

"功成不必在我，功成必定有我"是全体茅台人的信念，年营收跨过千亿元，是市场对茅台付出的肯定，但绝不是茅台努力的终点。

03
茅台的定力範向

茅台定力的外化表现分为战略、产品、质量、价格、市场、文化六个板块，呈现出平衡的轮盘靶心圆模型（见下图）。

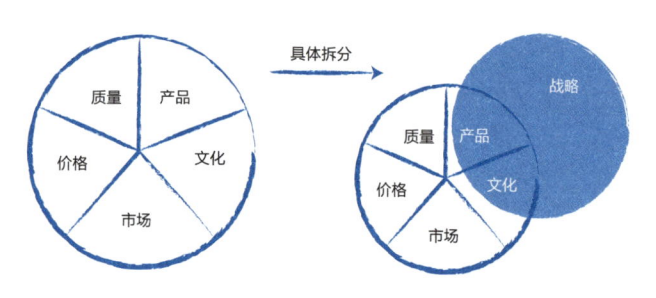

茅台定力靶向图

其中，六个板块以"一底色+五分区"模式规整排列，呈现出清晰的逻辑性和相关性。茅台的战略措施，是茅台与外部环境"碰撞"后产生的具体"行为准则"。因此，战略作为整个轮盘的底色，在其中发挥综合调度作用。在其作用下，五个板块依次呈扇形均衡分布，既可向五个方向分散发力，也能向中心聚力，形成了茅台高速发展的巨大势能。

茅台战略拆解

茅台定力如何影响企业发展？

从西南一隅走向中国白酒行业的舞台中心，最终在世界烈酒领域占据一席之地，茅台有着清晰的发展脉络。

我们可以从纷乱复杂的市场环境和经济表象中抽离出来，沿着茅台的发展脉络进行梳理，回答定力与企业的深层次关联问题，探寻茅台为什么能缔造业界传奇。不难发现，茅台在不同时期奉以为纲的发展战略便是核心。

按照历史轨迹向前追溯会发现，茅台当下成熟的质量体系、管理体系、产业体系等，都是在外部变动的环境中，不断积极适时调整，逐渐累积经验，最后形成的完整体系。茅台在不同时期的战略决策，不仅为企业指出了明晰的前进方向，也为其制定了严苛的发展边界，使得茅台能够保持迅猛的前进势头，始终如一地在行业内攀峰。

"七五"前（1951—1985年）：
筑基期

茅台酒厂成立之初并未酝酿出战略体系的雏形。其中，方向性指导意见多以口号、指令等方式呈现，后逐步成为茅台酒厂用于指导生产实践的标准。

1951年，茅台酒厂在仁怀县人民政府的牵头下成立，并开始组织恢复生产。这时的茅台酒厂不仅生产设备老旧缺失，酿造工艺有待优化，管理也较为混乱。茅台酒的生产和质量管理离不开酒师们的丰富经验，但囿于当时白酒行业的固有行规，茅台酒的酿造工艺被酒师当作"家学之秘"，不予外传。因此，厂内亟待解决的问题是如何恢复高效有序的酿造生产。

从建厂到1985年，是茅台曲折发展的筑基期。在此阶段，茅台战略主要朝两个方向集中发力：一，茅台酒酿造工艺的标准化和规范化；二，通过科技辅助制酒工艺使其更加精进，并以此为基础逐步累积，最终确定茅台以质量为中心的发展基调；三，通过对组织进行优化，推动茅台朝效应型企业进军。

冲破桎梏：规范酿造工艺

建厂初期，茅台的当务之急是打破白酒行业内"酿造绝活用于珍藏"的桎梏，将依靠经验指导生产转变为依靠工艺规范指导生产。为此，茅台酒厂鼓励打破老旧行规的限制，号召老工人、老酒师献计献策，总结自身制酒经验，制定一套完整的酿酒工艺规程。在最早一批老酒师的带动下，固守多年的行规逐渐被打破。

其中，郑义兴将家传五代的酿酒技艺和近四十年的实践经验结集成册，使茅台酒酿造工艺规范的初步制定迈出关键一步。此后，茅台酒厂内的"师带徒"机制开始运转。1952年，茅台酒产量达到了75吨，产值6万元，盈利0.8万元，㊀远超合并建厂之前三家烧酒作坊年产量的总和。同年，贵州茅台酒在全国第一届评酒会上被授予"国家名酒"称号，位列全国八大名酒之首。1954年，国家将茅台酒的生产和销售全面纳入统筹计划。㊁

20世纪50年代中期，由于生产设备年久失修，窖底漏水，茅台酒在生产过程中出现质量波动。同时，茅台酒厂还开展了以"增产节约"为主题的劳动竞赛，在追求产量的口号下，忽视了质量要求。

贵州省工业厅高度重视这两件事，并向茅台酒厂下达指令"系贵州省名誉之酒，未经批准，不能增加产量"。同时，还组派"茅台酒工作组"深入生产一线，寻找生产缺漏。

1956年，全国八大名酒会议召开，茅台在会议上明确指出"整顿名酒质量"，并将"加强领导，重点整顿，总结历史经验，改进技术管理，巩固、提高质量"作为管理方针。自此，茅台高质量生产的"底色"基本奠定，高质量发展成为茅台酒

㊀ 摘自百度百家号的《茅台酒厂是如何建立的》。

㊁ 摘自雪球网的《游历茅台的历史长河之四：重要历史人物》。

厂的核心经营理念。在"恢复原有工艺操作"的指示下,茅台酒的质量得到显著提高,1958年全厂出产的茅台酒合格率达到99%,比1956年提高了8倍有余。

1956年茅台酒厂制瓶车间

科研赋能:打下高质烙印

茅台筑基期战略的另一个方向,是利用科学技术对酿造工艺和生产流程进行合理"再造"。1956年,全国八大名酒会议召开后,茅台在恢复原有工艺操作的同时,还通过细节调整加强企业管理,比如在生产酿造一线加强酒窖管理和卫生条件监控。

1956年8月,茅台酒厂正式成立化验室,并获得省工业厅下拨的6700元科研款,用于购置基本的实验仪器和用品。1956年10月,贵州省再度派驻"恢复名酒质量工作组"深入茅台酒厂,以"积极恢复原有工艺操作,提高质量"为中心,对茅台酒工艺探索解析。此外，他们还教授茅台化验室工作人员科学的测定、分析方法，为化验室后期在茅台质量管控方面发挥重要作用奠定了基础。

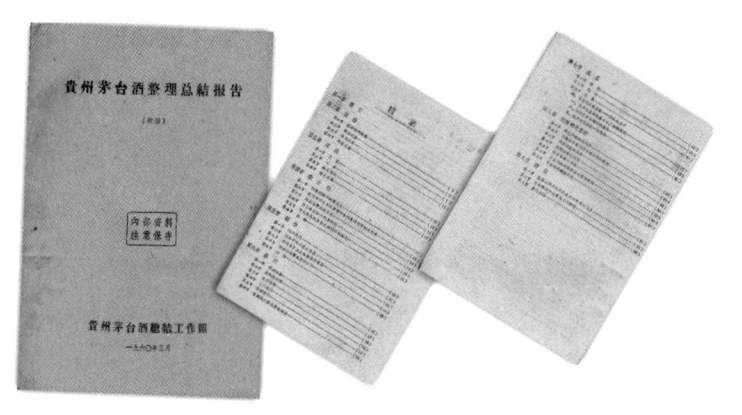

《贵州茅台酒整理总结报告》（1960年）

1959年4月，一支由贵州省轻工业厅、轻工研究所、农学院的专家、工程师和技术人员组成的"贵州茅台酒总结工作组"赶赴茅台酒厂。他们与一线技术人员协作，针对生产流程和酿制工艺中出现的问题进行总结，并于1960年4月撰写《贵州茅台酒整理总结报告》一书初稿。1960年12月，《生产工艺技术操作（暂行）规程》《包装暂行操作法》《制曲暂行操作法》相继制定并应用。在操作流程标准化后，茅台正式将其纳入正规化管理。

1961年，正值三年困难时期，茅台酒厂陷入水电资源和生产原料短缺等困境之中。这导致前后三年内茅台酒产量和质量都受到不同程度的影响。这一现象引起国务院的重视，立即批

示轻工业部总结并查找原因。1964年茅台酒试点委员会正式成立,同年《贵州茅台酒部颁标准》开始起草。

茅台酒试点委员会的强势入驻,让茅台乃至整个白酒行业的技术革新翻开了崭新的一页。委员会对茅台酒的生产全过程进行拆解,对酒样、酒体主体香味及前驱物质等进行理化、成分分析实验,初步揭开了茅台酒酿造技艺的秘密,并用科学理论完善了传统酿造工艺。

同时,还验证了时任茅台酒厂副厂长李兴发提出的"茅台酒三种典型体"理论的正确性。这是业内首次明确提出"香型"概念,具有划时代的意义。自此,针对白酒香型类别的划分逐渐得到广泛应用。比如当下业内熟知的清香、浓香、酱香等香型,均是在该理论基础上逐步发展而来的。

在1965—1973年间,茅台开启了"基建模式"。酒厂基础设备、设施迅速更新,成功落成了当时全国白酒行业内唯一的双层式生产房,安装了环式轨道,用电动辘轳和铁桶起槽。

1974年,茅台继续开展"工业学大庆"活动,生产技术科整理了《茅台酒生产操作注意事项》,并向各个车间下发普及。1975年,第五届全国名酒技术协作会在茅台召开,会议确定要落成缩短茅台酒贮存期实验、不同容器与质量关系研究判定等四个科研项目。1976年,茅台酒厂主导建成的"七二一"工人大学开办。其中,由学员自主设计试制的首台轿式行车,结束了车间人工背糟和高温下甑的历史。

自建厂至"七五"计划前夕,茅台发展的重心更多集中于夯实基础,将茅台人的经验智慧和科学技术有机结合,整理解析茅台酒酿造工艺。这一时期,"高质量"发展基调形成,为后期的产品布局、市场拓展及文化战略等奠定了重要基础。

1979年,茅台酒厂职工庆祝企业荣获"大庆式企业"称号。

1979年,茅台酒厂职工庆祝企业荣获"大庆式企业"称号

组织优化:推进茅台拾新级

企业管理是茅台进行内部整肃的战略重点之一。

20世纪70年代,如火如荼的"工业学大庆"活动,对茅台酒厂的内部管理产生了深刻影响。企业开始全面整顿。例如,

开启了针对技术岗位员工的"练兵"项目,学习大庆油田的工作作风,打破了原有的"大锅饭"模式,实行了多劳多得的薪酬制度。在创新的绩效模式推动下,茅台职工的积极性得到大幅提高。1978年,茅台酒的产量达到1068吨,销售量为620吨。就产量而言,比1977年增加305吨,增长了39%。就销售量而言,比1977年增加242吨,增长了60%。茅台全面结束了连续16年的亏损局面,盈利增至6.5万元。茅台自此进入贵州省"工业学大庆"式企业的先进行列。㊀

1979年,茅台酒厂再次响应国家"调整、改革、整顿、提高"的八字方针,以"提高产品质量为重点,以经济效益为中心"进行经营管理改革。全厂制定了"三级核算"统一经济责任制,生产车间实行了"五定、四包、一奖"机制,并优化了在生产环节的10项管理制度。如此种种,为茅台酒产量、质量和利税等方面的提升提供了有力支持。在1979年的第三届全国评酒会上,茅台酒荣获国家金奖,贵州茅台酒厂被命名为"大庆式企业"。

经过数年的企业整顿,茅台酒厂成效渐显,于1984年顺利通过验收。其间,茅台连续三年被省政府授予"先进企业"称号,被省轻工业厅授予"经济效益好先进企业"称号。另外,在产品研发和技术科研方面,捷报亦频频传来。茅台提交的"茅台酒香气及制曲、制酒主要微生物"研究成果,荣获省级科

㊀ 中国贵州茅台酒厂有限责任公司.中国贵州茅台酒厂有限责任公司志[M].北京:方志出版社,2011.

研成果三等奖。第四届全国评酒会上，茅台再次荣获国家"金质奖"和轻工业部酒类"金杯奖"。⊖

"七五"—"十五"（1986—2005年）：聚力扩改建，迎接新世纪

得益于前期在基础设施建设、酿造工艺标准化，以及揭秘酱香酒密码等方面积累的丰硕成果，在进入20世纪80年代后，茅台的声望迅速攀升。可一众繁花似锦中潜藏着的暗流，正向茅台奔涌而来。

在"七五"至"十五"期间，剧变和新生是关键词。国家逐渐放开对名白酒企业的高度管控，茅台骤然走向陌生的市场化竞争，面临企业组织管理模式的建立，产销、管理、竞争、改组、上市……一个个门槛等待茅台去跨越。

茅台毅然选择迎难而上。与"七五"前口号式的指令不同，"七五"至"十五"期间，茅台内开始出现战略性规划的萌芽，扩改建指标、组织管理模式、市场竞争策略等现代管理方式逐渐得到广泛应用。

稳扎稳打：积累生产能力

在"七五"至"十五"期间，茅台迈入了快速发展的新阶

⊖ 陈泽明，龚勇.贵州酒典[M].北京：中国商务出版社，2014.

段。尤其是在扩改建方面，取得了重大突破。

1985年，茅台启动了年产酒增产800吨的扩改建工程，1990年竣工并进入投产阶段，形成了年产茅台酒2000吨的生产能力。除了产量的提升，在整个"七五"时期，茅台还对基础设施进行了改善。不仅全面治理了厂区的滑坡，修建了职工宿舍和文化生活设施，改造了旧厂房，还建立了职工医院与档案馆。极大地改善了茅台酒厂的生产、生活条件，根本性地改变了厂房陈旧的面貌。

1991年是我国"八五"计划的第一年，茅台也给自身的"八五"计划定下了目标。时任厂党委书记邹开良担任"八五"扩建工程指挥长，厂长季克良担任扩建工程副指挥长。

1992年，茅台酒厂生产茅台酒2089吨，超过原计划219吨。其中，制酒二车间年产酒增产400吨的扩改建工程顺利投产，并启动了年产酒增产2000吨的扩改建工程。次年8月，茅台还完成了1000吨制酒配套工程，并投入使用。

在整个"八五"期间，茅台的年产酒2000吨扩改建工程取得显著成效。同时，茅台不仅架设了"桐梓—茅台110千伏"输变电工程，解决了仁怀地区长期缺电的问题，改善了茅台的生产条件，还修建了2000米赤水河排污河堤，完成了青杭—中枢公路的改造工程。

1997年，茅台完成"九五"阶段年产酒量2000吨的技改工程项目总体规划，认证批报。同时，茅台还实施了三车间1号制酒生产房改建项目，开工建成7幢酒库房，其中4幢进入使用阶段。除此之外，厂区的供水系统与输电线缆也得到完善，供水能力与供电能力显著增加。茅台还完善了红砖厂片区1号制酒、新包装生产线技改工程实施方案和环保污水处理站方案的相关工作。2000年，茅台的白酒年产量已经达到11727吨，并组建了六车间与十一车间，这两个车间共可生产酱香酒1000吨。

重要的是，在整个"九五"期间，茅台完成了三大历史性转变：由工厂制向公司制转变；由公司制向股份制转变；由传统的计划经济体制向社会主义市场经济体制转变。

2001年，茅台进入了"十五"阶段。这一年，茅台酒年产万吨的工程破土动工，新增的800吨工程也已竣工投产。

2002年，茅台编制的"十五"年产茅台酒4000吨建设工程的总体规划方案，在经过贵州省与国内专家两次论证，并经省政府批准和省经贸委批复后，正式进入实施阶段。同时，茅台还完成了"九五"新增2000吨茅台酒与"十五"新增4000吨茅台酒的环境影响评价大纲及评价报告的编写，获得了贵州省环保局的认可。这一年，在茅台集团16020.05吨白酒产量中，有8640吨是茅台酒的产量。

在整个"十五"期间，为了满足生产需要，茅台新建投产制曲生产能力3950吨，新建投产茅台酒生产能力共4900吨，但事实上茅台酒的生产能力已超6000吨。在此阶段，茅台不仅新增了制酒八、九、十车间，还收购了习酒公司酱香酒生产线与

怀酒厂，分别组建了制酒十一车间与十九车间。除此之外，茅台还将酒库面积扩建了13.37万平方米，新增储酒能力约2.3万吨。为了提升生产效率，茅台还引入了现代化生产设备，新建并投产了年生产能力20000吨的现代化包装车间。同时，也完成了日供水5万吨的取水泵房及相应规模的锅炉房与供气系统的建设。除了生产端的扩改建，茅台还将酒厂区的占地面积扩大至3411亩，并完善了进厂道路上的高架桥工程。在科学合理的扩改建规划与茅台人的努力下，"十五"期间，茅台酒终于突破了年产万吨的大关。

在"七五"至"十五"期间，茅台在扩改建方面稳扎稳打取得的成就，是茅台此后发展的重要定力之一。它为茅台此后的跃升，奠定了牢固的基础。

构建文化：激励企业内生力

员工的培育与管理机制，是企业内部整肃的另一个重点战略方向。

早在1980年，在"八字方针"的基础上，茅台就开始着重挖掘企业潜力，积极推动企业革新和改造。在全厂范围内，茅台开展优质高产、低消耗、多品种的增产节约运动，通过正向竞赛的方式，激发员工的生产活力。

1980年，茅台工人代表刘应钦递交名为《重视解决茅台酒厂技术力量后继无人的问题》的提案，建议将离休老酒师返聘为顾问，参与后辈培养工作，保证工艺传承。茅台以此为核心，向省轻工业厅提交专题报告，并获得应允。1982年，茅台在100名工人招工指标中，按照用工条件招收一定比例老酒师、老工人的子女，提高了老一辈技术人员传授经验和生产的积极性，在一定程度上缓解了可能出现的传承危机。

次年，中断了16年之久的职工代表大会重新召开。第九届职工代表大会将"以生产为中心、质量为重点、酱香为重中之重，坚持抓质量促产量"作为指导方针，对1982年的工作目标做出明确指示。值得一提的是，领导班子着重从三个方向发力：第一，调整平均主义和吃"大锅饭"的内部机制，建立与之相匹配的激励机制和竞争模式；第二，将企业升级达标项目作为重点工作展开，朝企业管理规范化、现代化和科学化方向不断精进；第三，适时展开扩改建项目，不断为企业的发展积蓄动力。调整与改革的成效非常显著。1982年茅台酒产量达1189吨，超计划8.1%，实现利润达250.5万元。[一]

此后，茅台也在员工培育方面不断探索，以形成浓厚的文化氛围，让管理事半功倍。

1985年，在全国经济建设的浪潮下，茅台镇内也兴办起了几十家民营小酒厂。这些酒厂频频向茅台酒厂的酒师与技术人员抛出橄榄枝，致使茅台酒厂内部劳动纪律松懈。职工频繁借由病假怠工、思想消极、不辞而别的现象与日俱增，严重影响

[一] 陈泽明，龚勇.贵州酒典[M].北京：中国商务出版社，2014.

了茅台酒正常的生产秩序。1985年3月底，茅台酒厂的一、二轮次酒比原年计划欠产达104吨。⊖

茅台酒厂内部的混乱现象，引起了领导的重视。为尽快恢复茅台酒的正常生产秩序，凝聚人心，茅台酒厂全面推行厂长负责制，把思想统一到"发展才是硬道理"上来，并加派酒厂党政人员深入生产车间调查缘由，收集职工意见，形成相关文件。经过前期调查，茅台酒厂党委结合多年的工作经验，迅速采取措施。

人心凝聚是共事的基础。茅台酒厂从进一步加强员工的思想教育入手，对每一位员工都做了细致的思想工作。在此基础上，茅台顺势提出了"我爱茅台，为国争光"的口号，以激发职工爱厂爱国的热情，增强众人的凝聚力，彰显奋力拼搏的企业精神。

机制是工作顺利运行的保障。茅台酒厂为整顿内部的不良风气与管理混乱问题，建立健全了各种硬性的规章制度，以按章行事。除此之外，茅台酒厂还专门成立工作组，并由酒厂领导带队，深入一线开展工作。在指导恢复基层生产的同时，领导也能够了解员工的思想变化，以及时纠正。

经过近一年的思想归正行动，茅台酒厂的状况得到改善。1986年，茅台酒厂将"我爱茅台，为国争光"上升为企业精

⊖ 中国贵州茅台酒厂有限责任公司编.中国贵州茅台酒厂有限责任公司志[M].北京：方志出版社，2011.

神,并以此为主题在厂内开展各种活动,激发了职工的生产热情,将众人之力汇聚一处,造就了不错的成绩。1986年,茅台的年利润总额高达871万元,上缴税金达888.79万元。

1989年,茅台以"创建国家一级企业"为纲,调动全厂职工生产积极性,促进企业内部管理水平显著提升。㊀茅台将1999年定为管理年。围绕"加快发展"这条主线,茅台狠抓管理,加强企业改革。在员工职位上,取消"干部"与"工人"的称谓,并将管理人员按照一般、中级和高级进行划分。在经营发展上,坚持以市场为中心,不断加强市场营销。此外,茅台还充分发挥媒体宣传的作用,不断增强企业内部的向心力。

在茅台坚持以人为本的理念下,职工作为企业生产经营主体的地位也被确认。除了规范职工的行为、为职工办实事、确立职工的主人翁地位,茅台还坚持培养"四有"(有理想、有道德、有文化、有纪律)职工队伍,并选送了一大批优秀的职工前往大专院校深造。除此之外,茅台还举办了各种形式的培训班与管理知识讲座,培养了一大批具有较高专业知识的人才,改善了员工的知识结构,提高了员工的综合素质。

扎根市场:布局迎接新世纪

20世纪80年代末,国内高端白酒企业在政策收紧的背景下,纷纷谋求新的发展之道。茅台开始研究、扩展新的销售渠

㊀ 摘自百度百家号的《1998—2018:茅台与习酒命运交织的二十年》。

道，并调整经营方向。这一时期，茅台在全国21个主要城市成功建立代销点，搭建遍及全国的营销渠道网络。同时，还将"三个开拓"——开拓市场、开拓原料和能量来源、开拓资金渠道，作为破局之策，进行针对性布局，最终扭转了在市场上的被动局面。

这一时期，茅台走出国门的脚步开始加快，并不断向世界烈酒消费市场展现中国白酒的潜力和品牌文化。1993年，茅台创新了营销战略的运作方式，在稳定糖酒公司这一主要销售渠道的基础上，开拓了补偿贸易这一新的销售路子。并且，根据不同的销售策略，因地制宜划定价格、强化服务。与此同时，茅台还积极筹建香港的茅台贸易公司，充分利用自营进出口权，开展进出口业务，以打通国际市场。

此外，茅台还积极与业内白酒企业合作。1998年5月，茅台集团与习酒总公司达成合作意向，就茅台兼并习酒等相关事宜签署协议，纳入一员"猛将"。㈠

1998年的春节本该是销售旺季，但茅台酒的销量仅为原计划的20%，严重时甚至一度跌至不到年计划的10%。茅台经过综合分析，认为必须提升营销能力，遂加快组建"能打胜仗"的营销队伍。由此，茅台逐渐培育起在市场竞争中的优势。

事实上，茅台"七五"至"十五"的发展战略，并非严格意义上的战略。茅台在这一时期提出的五年计划，更像是目标

㈠ 摘自百度百家号的《1998—2018：茅台与习酒命运交织的二十年》。

清单。例如"七五"期间,茅台酒目标产量为2000吨,"八五"期间的产量要达到4000吨。

这一时期,茅台正在经历从"坐商"到"行商"的身份转变。与此同时,茅台调整产品布局,确定了"一品为主,多品开发;一业为主,多种经营;一厂多制,产供销、内外贸、旅游一体化"的发展战略。

此后,茅台在坚持多产品策略的基础上,再次以质量、效益为核心推行经济责任制,并对所有驻外公司实行开放经营和独立核算。这一举措有效避免了"漏洞频频,铺张浪费,售后扯皮"等问题。

2000年,茅台转变发展机制,开始进行结构调整和品牌扩张。当年白酒产量达到11727吨,比计划总销量高出1435吨,同比增长15.6%。此外,茅台改制上市也取得明显成效。当时茅台集团已经完成"三大历史转变",即由工厂制向公司制顺利转变、由公司制向股份制成功转变、由传统的计划经济体制向社会主义市场经济体制转变。这一时期的战略结构部署,使茅台迸发了强劲的生命力。

2001年对于茅台来说意义非凡。这一年,茅台酒万吨工程"破土动工",茅台原产地"地域产品保护"获得官方确认。同时,茅台酒全面通过有机食品认证。这一年,贵州茅台在沪交所鸣锣上市。这一年,还是茅台"十五"起步之年。中国的制造业进入一个新的黄金期,逐步成为全球经济增长的发动机,

这为茅台的经营发展奠定了坚实基础。

2002年，茅台集团产品结构再次调整——在改进部分系列产品的同时，推出礼盒装等新品类。仅仅是这一批新产品的销售量，在当年就达到了6000万元以上。

与此同时，由公司外聘的专家智囊团队为茅台长期发展提出战略意见，助力完成"十五"新增4000吨茅台酒产量的评价报告，并获得环保局的批准。[一]

茅台"十五"计划，以荣获"全国质量管理奖"完美收官。[二]2003年，茅台还在酒厂内部首创女子烤酒班，助力实现男女平等就业。此外，持之以恒的打假维权工作，也取得显著成效。数据体现了最为直观的结果：2003年茅台酒销售收入高达32亿元，茅台的总资产高达73.92亿元。

自此，茅台建立起完善的集团管理模式，茅台产品矩阵已经初具规模，产能和质量都在合理区间内飞速提升，营收规模和效益优势愈发明显，发展势头一片向好。

[一] 朱雪飞，董怡云.贵州茅台的战略分析[J].中国商论，2015.

[二] 摘自搜狐网的《进入21世纪，茅台加快了技术改造，获得了"全国质量管理奖"》。

"十一五"—"十三五"(2006—2020年):
迈入市场化

自2001年上市后,茅台的整体布局逻辑已逐渐清晰。"十五"计划后的集团发展战略,已经褪去了最初"雾里看花"式的前瞻布局,呈现出"聚焦靶心,成果论证"的独特风格。以5年为一个发展周期,茅台在产量输出、产品矩阵建设、集团管理和后续规划等各方面,制定了清晰可行的指导方案。

相较于筑基期和新世纪前期的"扩张"网络式战略布局,"十一五"规划后的茅台更倾向于收拢力量干大事。在战略规划中,茅台秉持一贯的"指标"传统,用最终的成果向市场和行业展现真实可感的茅台实力。

"十一五"到"十三五"规划部署的十余年间,是茅台厚积薄发的高光时刻。期间,茅台在市场竞争中拔得头筹,在行业进入深度调整期时逆势增长,实现了"千亿茅台,百亿酱香",并取得了世界范围内烈酒行业市值第一、国内A股股价第一的优异成绩。

"十一五":厚积薄发的优势

厚积薄发,优势凸显。"十一五"初年,茅台入选"中国制造企业500强""中国效益和纳税企业200佳"等榜单。此外,茅台酒的传统酿造技艺,被国家推荐申报联合国教科文组织"人

类口头与非物质遗产代表作"。○

茅台酒身为"黔地土产",从工艺到产品皆广受追捧。优质的茅台酒,成功打造了中国酱香型白酒主产区的贵州名片。而茅台作为地方引领型白酒企业,在管理体系构建完善和市场布局深植扎根的前提下,聚力完成茅台"万吨"改造项目。同时,茅台还聚合地方力量共同建设完备的赤水河流域生态保护机制,营造可持续发展环境。

在"十一五"规划中,茅台的万吨技改项目当属重中之重。根据万吨技改项目的整体设计思路,按照一年一期的项目进度,在"十一五"期间,茅台每年将新增2000吨茅台酒生产能力。实际上茅台万吨技改项目的推进,比战略设计的推进更加顺利。2006年1月贵州茅台酒股份有限公司开启"十一五"万吨茅台酒工程一期。○到2007年,一期工程成功建成,能够满足2240吨茅台酒的生产和配套能力。在之后的4年里,这一数字分别是2200吨、2000吨、2000吨和2600吨。○

赤水河流域的生态环境保护,是茅台"十一五"规划中的另一个重点建设方向。"十一五"期间,茅台与贵州地方政府合作,前后发布了《茅台酒原产地及赤水河上游地区生态建设和

○ 摘自搜狐网的《从"白酒文化"看中国传统酿造食品行业技术与装备发展战略》。

○ 小凡.茅台今年投资10亿技改[J].酿酒科技,2006(2):9.

○ 刘锦.贵州茅台酒厂扩能工程[J].仁怀年鉴.2015(2007年卷至2012年卷合订本)

环境保护规划实施方案》《贵州省白酒产区振兴计划》等一系列文件，[一]将整个贵州省的白酒产业发展，纳入一个生命共同体中，促进了茅台和地方白酒产业的长足发展。

茅台践行公益事业多年。比如，2012年茅台开展"中国茅台·国之栋梁"公益助学活动[二]，被外界评为自希望工程开展以来，在国内爱心助学方面捐助金额最高、资助人数最多、覆盖面最广阔、影响力也最深远的公益壮举之一。该项目被列为"中国企业社会责任十大优秀案例"之一，茅台集团也被评为全国最具爱心和最有责任感的企业之一。

"十二五"：逆势起笔再攀峰

"十二五"时期，正是我国白酒行业波动极大的5年——经济环境下行压力极大、行业调整程度极深、消费市场变化令人"琢磨不定"。

机遇与挑战并存。谁能在变局中打通关窍、抓住机会，谁就能迎来企业飞速发展的机遇。茅台自然不甘人后。通过改变发展思路、创新市场营销方式、延伸产业链等途径，茅台一举实现企业跨越式发展，成功进入事业全面上升期。[三]

[一] 王新伟，吴秉泽.贵州白酒："黔人善酿"出新采[N].经济日报，2011-8-17(10)

[二] 摘自环球网的《"中国茅台·国之栋梁"希望工程圆梦行动播种新希望》。

[三] 唐朝.茅台的春天[J].证券市场周刊，2015，(16).

此外，酱香系列酒开门立户，为茅台的品牌布局战略再添羽翼。在茅台酒的强势带动下，白酒市场酱香热潮逐浪而来，真正意义上的"茅台时代"来临。

做大品牌，是茅台"十二五"规划中的首要任务。其中，茅台在战略布局中贯彻"一看三打造"——把茅台酒打造为"世界蒸馏酒第一品牌"，把仁怀市打造成"中国国酒文化之都"，把茅台镇打造成"中国国酒之心"，最终实现"未来十年中国白酒看贵州的白酒产业集群布局"。[一]

"十二五"期间，茅台立足生产，采取了一系列措施保证白酒产量：深化师徒制，传承茅台酿酒技艺；建设有机原料基地；新建生产厂房增加产能……与此同时，茅台的市场表现非常不俗。与"十一五"期间相比，茅台酒的销量增长了78%，收入增长了223%，利润则增长了258%，企业总资产增加了3.19倍。[二]茅台一举跃升贵州省"五张名片"之首。

如此优异的成绩，得益于茅台在营销领域的成功。"十二五"期间，茅台对电子商务、自营店、经销商等线上线下资源进行整合，广泛吸纳优质酒商进入茅台营销网络。与此同时，茅台还建立了一个集经销商和消费者为一体的云商平台，创造了一套专属于茅台的智慧营销模式。[三]

[一] 陈泽民，龚勇.贵州酒典[M].北京：中国商务出版社，2014.

[二] 摘自华夏经纬网的《贵州茅台："十二五"规划成果盘点》。

[三] 摘自华夏经纬网的《贵州茅台："十二五"规划成果盘点》。

此外，茅台还将"一曲三茅四酱"的品牌战略定位，确定为酱香系列酒产品的经营指导方针。由此，形成层次分明的品牌架构，为茅台培育新的经济增长点。

总体而言，"十二五"期间，茅台产业结构布局精准明确，市场活力空前迸发，白酒行业中的酱香热潮已势不可挡。茅台立于前所未有的风口上，随着茅台"十三五"战略规划的大幕拉开，全新的"茅台时代"即将开启。

"十三五"：向"千亿大关"冲刺

2016年夏，达沃斯论坛后，茅台"十三五"规划正式出炉。作为茅台历史上变革程度最深远的发展战略，"十三五"规划被视为其开启转型升级的先锋号角。

茅台"十三五"规划的核心目标，是成为世界蒸馏酒第一品牌，以产融结合为基线，打造一个以发展多元化酒业为宗旨的大型控股投资集团，最终形成一个享誉全球的世界级企业体系。

以目标为导向，茅台形成了一系列的行动方案。

在产品列阵方面，茅台坚持一品为主，系列开发，确保做好酒业文章，精攻主业，沿产业链进行适度的上下延伸，积极扩展行业内理性竞合的发展业态，坚持拓展酒外天地。茅台将"改革、创新、发展、协调"的总方针贯穿在发展过程中，力求"稳中求快、快中保好、又稳又实"。

"十三五"规划按照"五位一体"总体布局和"四个全面"战略理念，坚持"产融结合，双轮驱动，培育新型业务"的战略思维，集中力量从四个板块共同发力。

第一，明确酒业是茅台安身立命的基石，坚持以酒类业务为核心，形成一套上下游联动的业务体系；第二，重视并推动相关多元化业务的发展；第三，金融板块是茅台走出国门面向世界的牵引力，要坚持加快茅台在金融领域的步伐，打造产融结合的崭新格局。[一]第四，沿用"创新、协调、绿色、开放、共享"的发展理念，使之贯穿茅台发展始终。

根据贵州茅台发布的2021年年度报告，茅台以1061.9亿元的营收和524.6亿元的净利润远超其他名白酒企业，雄踞中国白酒企业榜首。[二]

[一] 摘自央广网的《茅台集团"十三五"时期发展战略规划出炉 感受转型的力量》。

[二] 摘自新浪财经的《贵州茅台：贵州茅台2021年年度报告》。

以质求存：质量是生命之魂

对质量的长期坚守，是茅台定力最显著的体现。从"四个服从"[一]到"视质量为生命"，再到"质量是生命之魂"，理念的升级也是质量定力的升级。

自建厂至今，茅台始终将质量放在第一位。未来，在质量定力的持续影响下，茅台将一如既往酿造好酒，做好企业。

坚守质量硬核

提及茅台，大众能联想到的标签是什么？

是茅台酒供不应求的稀缺性，还是茅台酒天然珍馐般回味悠长的口感？

[一] 四个服从：成本服从质量、产量服从质量、效益服从质量、生产速度服从质量。

正如"一千个读者就有一千个哈姆雷特",在不同消费者心中,茅台亦是一个"千人千面"的存在。

然而,以茅台为原点的各种发问最终仍会回到茅台本身:茅台是什么?或许这个答案涉及方方面面,囊括了茅台的各种特质。但一言以蔽之,茅台的一切优势,皆来自其硬核的质量观。

刻在基因中的茅台质量

2021年,茅台迎来建厂70周年。在70年发展历程中,茅台始终以质量为先,不断实现跨越式增长。从建厂之初的"提高质量",到进入21世纪时提出的"四个服从",再到"质量是生命之魂",质量一直是茅台持续成长的密码。

2021年5月12日,在"新华社民族品牌工程"板块中,新华财经以一篇特别报道点赞茅台的高质量发展理念。其中,报道总结茅台质量时连用三个否定句——茅台的质量观没有断层,没有中空,也没有遗漏。

在理念上,茅台追求精雕细琢的极致之功。崇本尚道、贮足陈酿、不卖新酒,以及5斤粮食只产1斤酒的铁律等,皆是茅台一以贯之的原则。

在制度上,茅台一直坚持着"鸡汤理论"。酿酒就像是熬一锅鸡汤。上好的鸡汤,需要鸡肉与鸡汤的比例适中。肉多汤少,或汤多肉少,都会影响口感。茅台将这一理论量化为制度条例，强调任何贸然追求绝对量的行为都将适得其反。

季克良也谈道："茅台的工艺就是追求高质量。水分低，糖分低，出酒率低，慢慢熬，都是追求高质量。"因此茅台车间生产班组中没有超产奖，只有质量奖。茅台希望以此反复申明"以质量为纲"的理念，杜绝罔顾质量盲目生产的现象。

关于质量的要求和原则，茅台一向严苛又缜密。其中，季克良提出的茅台质量把关定则——"四个服从"最具代表性。"四个服从"囊括了茅台酒生产过程中可能会面临的四大难以抉择的情形。在其指导下，无论是成本、产量，还是效益、生产速度，都得为质量服务。

归根结底，茅台之所以视质量为生命之魂，源于两个方面：第一，坚持高质量是茅台基因里不可改变的固有属性，是代代延续的传承使然；第二，正因为茅台70余年对高质量的坚守，才推动自身不断攀登高峰，取得"千亿营收、万亿市值"的卓越成绩。毋庸置疑，未来茅台要迎来下一个里程碑，严苛的质量观仍然发挥着不可或缺的重要作用。

茅台酒厂建厂初期，原国家轻工业部前后两次派遣专业工作组就茅台的传统工艺进行研究总结，提炼出14项茅台生产操作要点。20世纪80年代中期，工作组历经上千次实验论证后，成功制定指导茅台酒生产的企业标准和质量评测制度。这项成果使茅台走在行业"质量"理论和体系建设的前沿，为茅台酒的质量把控奠定了重要的理论支撑。

20世纪70年代,茅台酒厂副总工程师杨仁勉(右)与技术员徐英工作场景

20世纪90年代初,茅台开始研究国际酒行业态势,并主动向国外企业借鉴成功经验,将ISO9000国际标准引入茅台生产质量体系中,为茅台走向世界市场创造了有利条件。21世纪初期,茅台提出要争创全国质量管理奖。此后,茅台相继推行了5S管理、六西格玛管理等制度,以科学化管理方式推动茅台酒质量发展。

2001年,经过原国家环保总局(现中华人民共和国生态环境部)相关专家对茅台全流程的严格考察,茅台成功通过有机食品认证,拿到"世界通行证"。自此,茅台成为中国食品行业

中，首个通过有机食品认证的酒企。[一]

2005年，茅台成功建立白酒食品安全体系并通过官方认证，在此基础上，还成立了食品安全小组，确保对茅台酒质量的全盘监管把控。

恪守质量的茅台共识

质量是生命之魂。严苛的质量坚守，塑造了茅台成长逻辑。代代传承的匠心质量文化，无疑是茅台发展的命脉。

时至今日，茅台员工中还流传着一段经典故事。20世纪70年代，有5000瓶包装完好的成品酒正在检验中心接受抽查。按照常规处理方式，这批酒经过检验后若无质量问题就必须全数投放市场。然而在抽查检测中发现有一瓶酒含有异物。

这时大家面临一个两难局面：若将这一批酒全部扣下，势必造成大量浪费；若直接忽视这一瓶酒内的异物，投放市场，假设在其他同批次酒里出现同样问题，将对茅台品牌信誉造成极大损害。

这批酒何去何从，没有人敢擅自决定。消息很快传入时任茅台酒厂副厂长并分管质量的李兴发耳中，他立即请时任茅台酒厂厂长的邹开良进行决断。邹开良告诉他："我们的方针是数量要服从质量，效益也要服从质量！"于是，李兴发要求："不管损

[一] 志明. 有机食品：国酒茅台畅行世界的"金卡"[J]. 中国食品工业, 2003.

失多大,也要返工重来!吸取教训,对直接负责人进行处分。"[一]

这只是茅台人恪守高质量发展的一个切面。一路走来,茅台持续向市场证明,自己始终以高品质作为企业之本。正是因为集体对质量的坚守,茅台才拥有极高的质量信誉,真正从赤水河畔的低缓河谷,走向中国白酒乃至世界烈酒的巅峰市场。

2019年尾声,贵州茅台股价迈入"千位"门槛,茅台集团年营收首次突破千亿元大关,市值超过万亿元体量,提前完成"十三五"规划目标。2020年,贵州茅台的年度营收达到949.5亿元,距跨过千亿大关也仅一步之遥。[二]如此种种,皆为茅台开启"十四五"的红火篇章奠定了发展基础。

2018年,茅台凭借"现象级"增长态势,摘得《财富》未来50强榜单第38位,成为未来50强榜单上唯一一家烈酒企业。[三]2019年12月12日,茅台还以价值6400亿元的品牌价值,继续蝉联2019年胡润品牌榜"最具价值中国品牌"。[四]

茅台取得如此耀眼成绩的原因,正如季克良在第十四届品牌人物峰会上所言——十年如一日对高质量的坚守,成就了茅台今天的跃变。充分证明了茅台"坚持把高质量摆在首位"的

[一] 陈泽明,龚勇.贵州酒典[M].北京:中国商务出版社,2014.

[二] 摘自百度百家号的《茅台品质,是怎样炼成的?》。

[三] 摘自茅台集团官网的《是什么撑起茅台高质量的天》。

[四] 摘自百度百家号的《2019胡润品牌榜:贵州茅台品牌价值6400亿蝉联榜首》。

正确性。

纵观茅台的"高质量史",若将其质量曲线和营收曲线放在同一个直角坐标中,就能清晰看见不同阶段茅台所呈现出的不同态势。

发展初期,茅台若要始终坚守高质量路线,就必然舍弃所谓的高成长和高能效,以寻求质量和利益的平衡。因此这一时期,茅台的营收增长曲线缓慢平和。

后来,茅台对高质量的坚守,不断累积成发展势能,呈现出营收曲线几乎以10年为一个节点不断跃升的态势。《这就是茅台》中记载了这样一组数据:茅台历年销售收入从1亿元到10亿元,耗时10年;从10亿元到100亿元,耗时9年;从100亿元到1000亿元,耗时11年。

多年来始终坚守的高质量路线,不断构筑了茅台发展的强大护城河。这一护城河在抵御"黑天鹅"和"灰犀牛"冲击的同时,还为茅台打开市场、打造品牌声誉奠定了优势基础。

于自身而言,茅台已经树立了全员视质量为生命之魂的意识。这一意识不断发挥滚雪球效应,助推茅台在高质量发展道路上再一步精进。

于行业而言,作为我国白酒行业的领军者,茅台的质量标准已成为一把标尺,让消费者更加明确何为真正的高品质白酒。更为重要的是,茅台建立了酱香型白酒品质坐标系与中国

白酒企业可持续发展逻辑。

茅台的发展逻辑是时光淘沥出来的正确定论。在高质量发展的目标引领下，茅台不断实现跃迁，书写发展新篇章。

生产质量：对每个细节的精耕细作

茅台对质量的坚守，体现在各个生产环节的精耕细作上。从源头供应到终端经销，从生产环节到出厂包装，无不体现着茅台的质量观。

茅台认为，真正坚持高质量，从来不是某一环节的孤军奋战，而是全流程的环环相扣。每一个环节紧密衔接，如齿轮般咬合，最终才保证了一瓶茅台酒的卓越品质。

质量问题关乎茅台发展，容不得任何意外出现。因此，茅台认为只有拿出100%的工作态度，才能收获100%的质量。那么，茅台又是如何将100%的"执念"，贯穿于茅台酒生产的全流程中呢？

源头：时刻高悬的质量"红线"

高粱、小麦、水是茅台酒主要的生产原料。作为茅台酒整条产业链的起点，这三大主要生产原料与茅台酒独特的酿造工艺直接挂钩。若任何原料的供应出现问题，不仅会影响茅台当年的酿造工作，还会影响其连续几年的通盘部署。

由此，在原料供应方面遭遇的问题，始终被茅台视为"头号大敌"之一。

茅台在与产业链上游的各个供应商合作之初，就秉持着"共生同心圆"和"命运共同体"的理念。同时，茅台坚持"质量是生命之魂"的绝对铁律，要求源头方为茅台提供绿色、优质的产品原料。若出现严重违规，茅台将即刻终止合作，并将违规方列入"黑名单"绝不启用。

2017年9月28日，茅台召开了一场针对违规红缨子高粱供应商的会议。会议的召开与当年9月初的一次原料异常有关。当时，茅台下派的巡查组在红缨子高粱的收储调运中发现问题，当即展开全面调查。不久，茅台发现其中一家红缨子高粱供应商在为茅台供应的货中以次充好，将未经检定合格的高粱，掺入正在装车运调的合格高粱中。

这"惊魂一遭"被茅台一方及时拦截，并立即暂停与涉事公司的相关调运、收储业务。同时，茅台方还责令此供应商将已经入库并完成调运工作的红缨子高粱，全部进行隔离和重新筛查，并要求该公司进行严厉整改。

不久之后，另一家茅台有机高粱供应商同样被查出违规供应的问题。而在事发之前，茅台当年的"质量月"活动启动大会才刚刚落幕。在茅台三令五申要求"以质强企"的大背景之下，红缨子高粱供应商依旧发生违规事件，无疑触碰了茅台的底线。

生产茅台酒的原料——红缨子高粱

茅台于2017年首次以会议的方式，对茅台酒有机高粱供应商进行约谈。在这场会议中，茅台将当年在有机高粱验收和运调收储过程中出现的问题，进行公开集中通报，并对存在违规供应情况的相关供应商进行严肃处理。

此后，茅台以雷霆之势，持续就源头供应商的违规问题，进行筛查、清理，从供应端收紧监管。仅在2018年，茅台就已经向违规供应商发出多张"罚单"和"黄牌警告"，前后共有85家供应商受到不同程度的处罚，其中有2家供应商直接被取缔供货资格；7家供应商在扣除保证金的基础上，被削减供应计划量；还有35家供应商被依次约谈和通报批评；41家供应商收到

了茅台的勒令整改通知。㊀

在2017年度全国供应商大会上，茅台明确表示，将会以茅台的"质量高度"，对各方供应商设定采购"红线"，并持续对供应商违规、违质行为进行严查和跟进。这不仅反映出茅台"寸土必争"坚守高质量的原则，也反映出其对生产首道工序的高度重视。

此外，在茅台有机高粱基地走访时，我们也发现不少贯彻落实茅台质量观的各级负责人。

2020年夏，种植红缨子高粱的农户们正在大坝镇农机站内，将已收获的粮食装入印有专属批号的麻袋中，排着队等待机器筛选。可以看见，机器将颗粒小且不合格的红缨子高粱与符合茅台标准的红缨子高粱直接区分开。其中一家农户因自家红缨子高粱被"淘汰"太多，抱怨机器太残忍。负责收购的人听后立即反驳："我不对粮食残忍，茅台就会对我残忍。"

生产：极致感官的硬核考量

茅台人常说一句老话："你现在喝的茅台，至少从5年前就开始酿造了。"确实，茅台酒从投料到出厂全部环节完成，5年时间就过去了。而在酿造茅台酒的过程里，每一个环节都体现了茅台"死抠细节"的精神。

㊀ 摘自《北京商报》的《再提千亿目标 茅台拟清理违规供应商》。

为确保每一个环节不出质量问题，茅台几乎做到了极致。比如，茅台收购红缨子高粱时用的物资专用袋，由100%纯天然麻制原料制成。又如，在酿造过程中，茅台遵循"崇本尚道"的工艺，绝不使用任何人工合成的增产、催熟试剂。在勾兑过程中，杜绝任何添加剂和香精香料的掺入，只依靠不同轮次、酒龄的酒体之间的融合，形成茅台酒的自然香型和醇味。甚至在包装生产过程中，为保证安全，茅台全程采用水性胶、水性膜和有机大豆油墨。

环节把控

具体而言，在制酒环节中，最重要的环节是"大回酒"（茅台酒第三、四、五轮次基酒生产的总称），该环节的基酒产量可达全年产量的60%以上，直接影响当年茅台酒的优质稳产。其中，在石窖中经过一月发酵的酒醅是成功开启"大回酒"阶段的保证。

常年扎根在酿酒一线的酒师们，只需捧起一把刚从窖池中挖出的酒醅，放在鼻尖细嗅，再通过手指细细捻动，就能判定酒醅是否发酵成功。只有"检阅"合格的酒醅，才能够顺利进入下一个环节。

上甑出酒时，酒甑冒着白色的蒸汽，当下时节对应的轮次酒，呈无色透明状从"牛尾"处流出。当白酒落到承接的不锈钢碗中时，激起的泡沫，按照其形态、大小和密集程度，可以划分为鱼眼花、漫花、碎米花等多种类型，这也成为酒师们判定质量的依据之一。有经验的老酒师仅凭肉眼就能"看花摘酒",精准地将三次酒的度数把控在53.3度,不过为保证质量无误,他们依旧会用酒精计认真核对并记录数据。

同时,品酒师们也在自己的岗位各司其职。通常情况下,他们每天都会对一千多个基酒样品"看闻尝评"。他们根据专业的感官检验和大数据集中测算分析,不仅可以从细节着手对酒体进行区分,判定出相应的等级和典型体,为勾兑师的下一步工作打好基础,还可以通过品酒来指导接下来的生产酿造工作。

在茅台,感官检验不能被高科技所替代。一位品酒师说道:"即便你工艺控制得再好,或者说技术再好,你酿出来的酒始终要经过感官检验环节,感官检验能够指导工艺,或者说发现在操作中出现的问题。"

譬如,酒库中放在中部位置的酒出现杂味的概率很低。但一旦出现杂味,就很可能是上一轮次发酵存在问题;而放在第一排或最后一排的酒,糟胚最容易出现问题。若品酒师在品评过程中发现杂味,则要考虑窖池的底部环境,并告知酒师予以改善。

茅台集团技术中心内汇集着专业的科研团队,他们用先进的设备,围绕茅台酒品质,开展各项相关研究。以茅台酒的风味为例,自2006年开始,茅台的前端科研人员历经15年不间断的探索追踪,形成了一套涵盖样品前期处理、中期风味解析和数据应用分析,以及后期剖析的技术体系。这套体系形成了45

个用于分析和测试的方法和 20 余种先进科研技术，并产出多个专利且获得国家认证许可。[一]这套体系，不仅为茅台酒的风味提供了更稳定的技术支持，还给茅台旗下白酒产品，提供了更高效的技术支撑。

在茅台酒的品评酒样环节中，还单独增设了一项风味轮廓检测，用于保证每一批纯人工酿造勾兑的茅台酒，其品质的相似度在严苛微小的区间内保持动态平衡。

在工艺质量攻关方面，茅台专门成立了"工艺技术攻关小组"，由在白酒业界举足轻重的泰斗季克良、吕云怀牵头组织小组活动。此外，茅台首席酿造大师、公司高管和院校专家云集于此，针对生产中出现的问题进行技术攻关，进而化解生产上出现的技术难题，这也为茅台的高质量生产提供了专业的技术保证。

配套存储

茅台的高质量、高标准不是高悬于顶的虚无口号，而是实打实体现在茅台人的工作当中的。古语有云："酒需三分酿，七分藏。"作为酱香酒工艺的代表，茅台酒的贮存环节更是为酒"镀金"。在整个贮存环节中，最重要的器皿当属陶坛，它在很大程度上决定了这坛酒的价值。

[一] 摘自百度百家号的《"颜值担当"从"三轮次"看茅台酒酿造的"大回酒"秘密》。

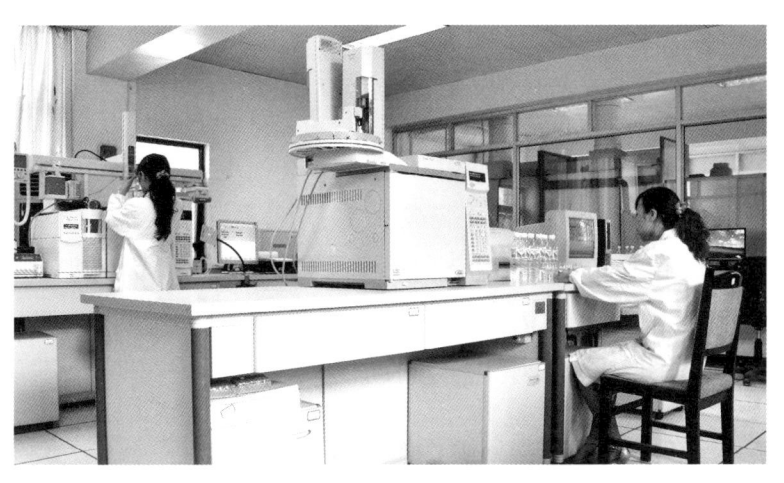

工作人员在操作气相色谱仪

关于储酒陶坛的选择，茅台自有其章法。茅台勾贮车间内摆放的大口陶坛产自四川隆昌，其制作工艺可追溯至600多年前。这种陶坛不仅外观典雅，还具有耐酸碱、坛壁密度小、经久耐用和透气不渗漏等优点，是众人最认可的贮存白酒的器皿之一。隆昌陶坛自1979年被茅台选用后，就一直是茅台酒的指定贮存容器。在这些隆昌陶坛内，茅台酒的酒体变得更加醇香、自然。

在采购陶坛时，茅台对供应商提出了苛刻的要求——不允许陶坛内壁有任何凸起结块。因为在白酒长期贮存的过程中，坛壁上烧制出的多余结块很可能会掉落，影响坛内白酒品质。因此，茅台所采用的陶坛烧制成功率只有70%，有时甚至连70%都无法达到。而通常情况下，普通陶坛烧制成功的概率在

90%左右。㊀由于茅台采用的用传统工艺制作而成的陶坛，具有成本高、产量低的特点，其采购成本也高于行业平均水平。

不仅是陶坛，封酒入坛的纸张也大有学问。勾贮女工将手里叠好的纸稳稳覆盖于装满白酒的坛口上，再将一张食用级薄膜覆于其上，一手按压边沿，一手抓住麻绳，绞边、捆扎、缠绕封边、完成封坛，全程动作干净利落，一气呵成。力度精准，封口迅速，成为封扎工人掌握的"绝活"之一。

其中，用于封坛的纸张为构皮纸，在光照下显得轻盈透亮，还微微泛出米色光泽和植物纤维肌理。

2011年，一直为茅台提供构皮纸的纸厂停产。茅台质量部门和技术部门遍寻全国，最终找到了合适的替代厂商。但是寻找过程却并不轻松。从第一次评估样品验证合格，到第三方检测机构的再次验证和专业质量检测实验，再到茅台作为"终端"对封坛纸张进行全面评估，最终确认一张覆坛薄纸能否投入使用，就花费了整整半年的时间。㊁

2019年上半年，在茅台三号生产线上，自动贴标机器的内置铁托盘出现长期磨损问题，这导致其在工作中与茅台酒瓶相触使酒瓶出现划痕，每天有近1000个酒瓶受损。㊂为解决这个问

㊀ 摘自搜狐网的《茅台是怎样炼成的？揭秘千亿企业屹立不倒的奥秘！》。

㊁ 摘自知乎的《归晴，金石．从细节看茅台：为一张纸，他们找了整整六个月》。

㊂ 摘自百度百家号的《建强战斗堡垒，"包装姑娘"扮靓茅台"窗口"》。

茅台酒老酒库

题，12名茅台员工组成了飞天QC（Quality Control，质量管控）小组，经过内部的分工协作，在三周内就顺利将问题解决，生产秩序成功恢复如初。而后，这个飞天QC小组的工作成果被编在小册子《降低三号生产线茅台酒不合格率》中，在包装车间的六个班组中得以推广和应用。QC小组的职责就是专门针对茅台生产各个方面的质量问题进行研究、处理、解决，并制定指导规范，以形成生产的高质量循环。早在2017年，茅台就已经拥有由5042个QC小组组成的质量"守护军"。[一]

[一] 摘自红商网的《5042个QC小组 茅台酒的高品质是这样炼成的！》。

包装溯源

包装环节被称为茅台酒生产环节的"最后一班岗",也是茅台酒经过5年辛苦酿造后,进入市场之前的压轴关卡,同样容不得丝毫懈怠。

茅台的包装工艺,共包括洗瓶、灌装、封盖、贴标等数十道工序。其中最典型的环节则是令人印象深刻的系红丝带。飘逸的红丝带,彰显着茅台对质量的恪守。

为了系好这根丝带,车间员工们不分昼夜地练习,掌握一拧、二套、三打结、四齐、五穿等十步法,最终打造出一瓶"有礼节"的茅台酒——丝带两边等长,且与酒瓶上"贵州茅台酒"的"茅"字正好位置相对。

每一瓶进入市场的茅台酒瓶上系着的红丝带,都有专属的编码。在包装车间班组的原始工作档案中,每一根红丝带的编码与包装车间的女工编码一一对应。一旦红丝带出现任何问题,公司可以迅速实现精准溯源。

同样,在茅台酒的包装环节,从标签、说明书到酒杯都有严格的装箱要求。一旦发现包装工人手中的材料出现多余或不足的情况,就证明包装过程中出现了失误,必须开箱返工。[一]

[一] 摘自新浪看点的《央媒揭秘茅台酒包装车间:遇到这种情况必须开箱返工,为何这么做?》。

销售终端：绝不拘泥的全面质量观

茅台对销售终端的把控，同样以"严苛"和"铁腕"著称。

2017年4月，茅台营销有限公司前后下发两份文件，直指全国范围内的72家违约经销商。[一]第一份文件对全国范围内66家经销商的违约行为进行通报，其中包括私自向电商平台供售茅台产品，进行非营销范围内的跨区域销售。此外，针对消费者权益损害、服务意识缺失现象，茅台将据具体情况进行解除合同、暂停业务，或降低供货量等处罚。

第二份文件也是一封"通报责令信"，与上一封不同的是，该文件内容仅指向16家贵州省茅台专卖店和特约经销商。以擅自在企业内变更合同既定内容，以及日常营收计划和客户服务的缺失等原因为主，这16家经销商同样受到了茅台的严肃"整治处理"。同月，茅台再次"严打"7家私自购货、违规供货给其他平台和跨渠道销售的经销商。

此后，茅台再次加强了对经销商的监管和审查力度。在防止价格哄抬、囤货居奇、服务质量与意识不足等方面对症下药，从终端对质量进行把关。

茅台主张的坚守质量，从来不只是狭义上的坚守，它还包含着多层意义。譬如产品质量、管理决策质量、服务体系质量等方面的全面把控，而茅台对销售终端的"铁腕"把控，就是

[一] 摘自中研网的《茅台惩罚82家私自供货给电商的经销商》。

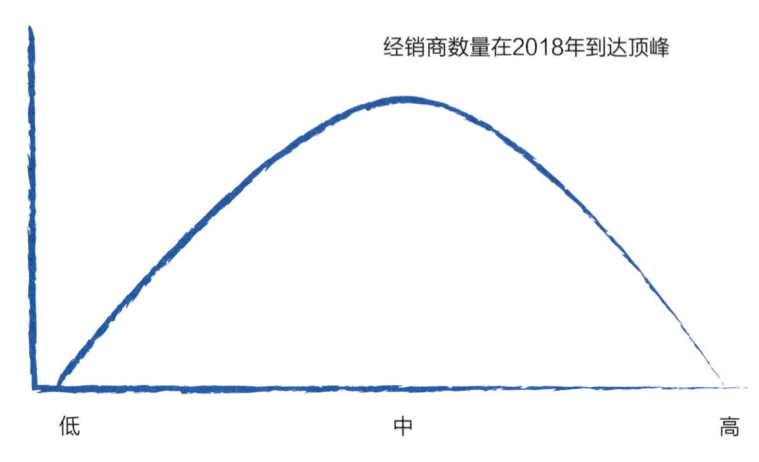

经销商数量在2018年到达顶峰

低　　　　　　　　中　　　　　　　　高

茅台对销售终端把控的"倒U形"曲线

茅台宏大质量观的体现。

从茅台国内经销商数量的变化中,就可以窥见茅台对销售终端的严密把控。从2016—2020年末,茅台的经销商数量变化曲线是一个"倒U形",从2331家增长至2987家(这是茅台经销商数量的峰值),2018年,拐点出现,数量锐减至2049家。[一]

与此同时,茅台的直营签约渠道和平台数量直线攀升,仅2020年就与70余家线上、线下平台达成合作意向。[二]值得一提的是,增加茅台直营覆盖面积,在严防炒作和稳步推行市价方面,发挥着积极作用。

[一] 摘自百度百家号的《茅台酒的渠道之变,强势管控,这能解决茅台的根源问题吗?》。

[二] 摘自风口财经的《"花式"管控难挡"花式"销售 茅台市值狂飙走向逐渐"戏剧化"》。

质量监督：精益求精的标准

自1951年建厂至今，茅台迈着稳健的步伐，走过70余载峥嵘岁月，展现出中国白酒的巨大潜力。

以茅台酒产量为例，其潜力在不断被挖掘。经茅台初步核算，2021年茅台酒的基酒产量约为5.65万吨，[一]是建厂初期基酒产量的777倍，是1978年基酒产量的52倍。在一路的飞速发展中，茅台的高质量的发展逻辑无处不在。其中，质量监管、制度建设，同样发挥了非常重要的作用。

茅台质量监管机制的建立与运行，是一个不断精进的过程。从20世纪50年代茅台酒厂成立开始，质量监管就是茅台发展的引航灯，引领着茅台前行之路。

茅台质量监管的内涵十分广泛。作为传统酿造企业，茅台拥有世界蒸馏酒中独一无二的传统酿造工艺，坚守茅台酒酿造工艺，就是保障茅台的根基和未来。所以，对传统酿造流程的解析、规范显得尤为重要。

为此，一代又一代茅台人不断对茅台酒的传统酿造工艺进行总结。随着数字技术和信息技术的飞速发展，人们在传统工艺基础上，增加了数据检测和监测分析步骤，对生产过程进行全流程管控，使传统工艺和现代科技实现互补，为茅台持续高

[一] 摘自百度百家号的《茅台酒技改扩建项目全面完工，基酒年产能将达5.6万吨》。

质量产出提供坚实保障。

一套严格的质量监管体系，必须实现从源头到产出、从整体到细节的全面覆盖。在茅台人的努力下，茅台建设了"高标准种植示范基地"，制定了原料"三级核验"检测审查制度、质量绩效评价推进制度，并在"十四五"规划开局之时推出了"大质量"体系建设，以及完整的茅台质量监管流程，共同构成了茅台高标准、强质量的体系。

超高标准的质量监管体系群

大道至简，茅台酒的原料亦是如此——红缨子高粱、小麦和赤水河水。

简单的原料背后，是严苛的工艺环节。以制曲为例，必须历经小麦磨碎、拌曲配料、踩制成型、入仓堆积、仓内发酵、拆曲、贮存、磨曲这8道工序，共35个工艺环节，每一道工序之间环环相扣，牵一发而动全身。

因此，严格把控"源头"，做好质量监管是重中之重。为确保原料的高质量选用，茅台在有"第一车间"之称的红缨子高粱和小麦产地建立了认证基地。通过基地建设，加大对原料质量的管控力度。不仅如此，从基地输送而来的原料还得经过"三级检验、四道关口"，才能作为茅台酒的生产原料进入后续生产环节。

三级检验是指茅台酒的酿造原料，从基地出产到进入生产线，需要经过公司级、车间级和班组级三个层级的检验。合格后，才能进入制曲班组投入使用。

四道关口则是指茅台酒原料的四个存储"站点"。

茅台的合作供应商都拥有自己的存储仓库。这些供应商先从基地农户处收购原料，再转存至自家仓库。茅台集团质量部在对供应商的原料进行颗粒、形状、色泽、气味等感官检验与理化标准检测后，将原料集中送入物流园收储。在这一流程之中，一旦出现任何方面的质量不合格，整仓原料都将被茅台拒之门外。

随后，合格的原料再由集团和物流园共同进行抽样检查，最后等到下沙时节，这些合格原料进入茅台接受车间和班组的检验。在此环节中，每一袋将进入车间的原料都要被逐个打开确认。每天开机运作之前，班组骨干也会针对当日所需原辅料进行审核和检验。全套检验流程完成后，制曲工作的大幕才正式拉开。

在整个"三检四验"的流程中，通过供应商筛选环节、物流园核验环节，以及茅台车间的再度核验的环节，形成了一套严密的原料质检体系，为茅台的高质量生产把好第一道关。

除了源头的质量监管，茅台管理层意识到，建立卓越的绩效管理，也是茅台质量监管的关键一环。

2011年6月，中国质量协会高级顾问黄少兵获邀在茅台开

展了针对性的绩效管理模式培训。值得一提的是，这场培训会议，聚集了茅台当时以季克良为代表的最高领导层，其规格也是茅台培训历史上鲜有的。

毋庸置疑，有效的绩效管理模式，将直接调动工人的积极性，从而激发工人的工作活力。

比如，茅台制曲一车间曾"因地制宜"地总结出一套管理准则——《车间7S现场管理准则》，并将其在车间班组普及。[一] 准则从行为习惯、综合素质等多个方面对员工加以约束，形成严明的工作秩序和纪律，为茅台的产品质量保驾护航。随后，这套"7S"管理模式逐步在各个车间实施开来。

茅台酒的质量监督体系，堪称业内最严苛。就其内部检测指标而言，远远高于国家既定标准。就中国白酒统一的生产标准而言，茅台酒的国家审定标准，比酱香型白酒的国家审定标准更加严苛。在整个酱香酒行业内，只有53度飞天茅台酒执行"GB/T 18356—2007"的国家白酒生产标准，而酱香型白酒的国家白酒生产标准是"GB/T2 6760—2011"。[二]

乍一看两者的区别似乎并不明显。但细细研究就会发现，茅台酒执行的是国家地理标志产品的生产标准。其原料选用范围，只限于仁怀市茅台镇内的特定区域，且按照贵州茅台酒的传统工艺进行生产。这一标准还明确对高粱品类和产地、酿造

[一] 摘自新浪资讯的《茅台发力全国质量管理奖 八年轮回新征途》。

[二] 摘自白酒定制网的《看完生产标准才知道贵州茅台酒为什么这么好》。

环境的气候区间和海拔范围等方面做出了详尽要求。

白酒的理化标准检测是生产标准范围内的必查项。相较于一般酱香型白酒的标准，茅台酒的指标数据范围在更加严格的基础上，还另增了一项固形物的理化指标。如此细致严格的规定，也从另外一个角度印证了茅台酒的卓越品质。

2003年，茅台一举夺得第三届全国质量管理奖桂冠，这是茅台首次获得全国质量管理奖。该奖项是当时我国在企业质量管理方面的最高奖项。2007年，茅台再次通过全国质量奖复评，并于2010年被授予"全国质量奖十周年卓越组织奖"。

2018年，茅台凭借优秀的质量管理模式，荣获第三届中国质量奖提名奖。[一]这是白酒企业首次入选中国质量奖提名奖。2021年，在全国国有重点企业中，茅台被评为管理提升领域的"样板"企业。这是贵州首个被授予此殊荣的国有企业。

一直以来，茅台恪守的"质量是生命之魂"，也是茅台生产建设的奠基石。茅台在进行原料选用、制曲制酒、勾贮包装等环节质量管理的同时，还启动了安全生产专项治理活动。从突发事故防范、隐患清查排除及循环生态保护等方面，为高质量生产和发展筑起坚实壁垒。

取得"千亿"硕果后，茅台在保证新一轮生产高效运转的同时，更加注重提升集团内部的管理能力。茅台参照世界优秀

[一] 李勋，尚钰淞.茅台质量"进化论"[N].贵州日报，2018-09-05（9）.

企业，再度将生产工作细化，将旗下所涵盖的11个领域及36项工作进行拆解，并科学制定了《茅台集团对标世界一流管理提升行动实施方案》及《任务清单》，形成65项具体任务。基于此，茅台新一轮全方位"后千亿"时代的发展图景缓缓展开。○

人人都是质量官

想要推动整个茅台"质量机器"高效运转，不能仅仅依靠系统的宏观框架和守则，还需要无数个细小"齿轮"进行驱动，而"齿轮"指的就是茅台的"基本单位"：茅台人。

一瓶茅台酒的质量，在开盖前，人们大多依靠市场普遍的品牌认同来判定；在开盖后，人们会根据自身的饮酒体验来判定。

一瓶上市的茅台酒，是茅台高品质外化的最终表现。在获得大众市场"优质"评定之前，它需要经过35道工序打磨，165种工艺淬炼。仅仅以单瓶茅台酒来说，全程就需要8158名茅台员工合力打造。○这当中还不囊括并未与产品直接接触的"外部人员"，也不包括为茅台提供科研支持的研究人员。无数个"齿轮"紧密契合，最终将茅台所代表的精神信仰和人文情怀汇聚起来，酿成茅台酒。在开盖的那一刻，五年守一的砥砺坚持，

○ 摘自搜狐网的《贵州茅台集团荣获"全国国有重点企业管理提升标杆企业"称号》。

○ 摘自雪球网的《茅台时空．茅台首席质量官王莉：兼顾好4个平衡，是茅台人不可突破的质量红线》。

亦无须赘述。

人是质量管控中的最重要因素，也是最大的"变量"。在茅台质量运转体系中，茅台人发挥着压舱石般的作用。而在茅台质量监管层面，"大质量"理论体系下的质量官制度，就是无数个"齿轮"契合并发挥作用的鲜明写照。

茅台首席质量官制度始创于2017年。在茅台整个质量监管体系内，此项制度成为推动质量全面提升的重要一环，堪称质量核验工作的主心骨。以现总工程师兼首席质量官王莉为首，茅台将数位质量官层层向下进行派驻。值得一提的是，这样的专家派驻质量管理体系，在整个行业内也属首例。[一]此后，以茅台集团在质量方面的最高决策机构——质量委员会为引领，集团首席质量官、子公司派驻质量官，以及各个关键环节的质量专员，共同组成了多层级质量责任体系。

这项制度在茅台集团及其子公司构建起了一套矩阵式的质量管理模式，不仅可发挥专业和权威的茅台匠人优势，还能强化技术服务和纽带作用。最终，一套更严密的质量管控体系得以建立。首席质量官们赶赴生产最前线，实地检查生产质量，并予以科学合理的指导，把"质量是生命之魂"的理念，传播到每个茅台人心里。

2021年3月，茅台再次加强"大质量"管控力度。在向子公司推行质量官派驻制度的基础上，茅台还对旗下8家酒类子

[一] 李勋，尚钰淞. 茅台质量"进化论"[N]. 贵州日报，2018-09-07(9).

公司和股份公司的关键性生产岗位，设立质量专员和质量督导员，以进行专业的技术支持和服务。

此外，这批"下沉"一线的专业人才，还将协助关键生产单位开展具有针对性的专业技能培训。这与茅台视质量为生命之魂的认知密切相关。随着首席质量官、质量专员和质量督导员等专业人员的派驻，一套严格的质量监管网络也在整个茅台铺展开来，并形成了"从上至下，层层分解，全员负责"的执行原则。

质量官派驻制度所坚持的行为准则，与茅台始终坚持的"四个服从"紧密契合。其中包括：绝不会因为短期利益和成效，随意改变和降低质量标准；尽管产品供应量和需求量有巨大差距，也绝不会为提高营收，而罔顾传统酿造工艺和固有周期、时节，刻意缩短生产、制作和产出的时间；在酿酒的全过程中，茅台绝不会因盲目追求产量，使质量出现浮动和下滑；坚持纯天然发酵，在生产过程中，绝不添加任何人为制造物质等。

依托于"大质量"管理体系，车间内的质量管理体系再度强化。质量巡查员每日都会在车间的各个角落蹲点检查，始终绷紧质量"一根弦"。此外，车间在原有的轮次考核基础上，额外新增日常的监督考核。从制度和管理上，着眼关键环节和端口，将食品安全责任制进行细化和推进，实现重点、关键点一起抓。同时，建立完整的质量责任分解体系，针对一系列的工作岗位，形成了专人管理、专人督导和专人负责管控的"对

点"配套式层层分级的质量监管机制。㊀

截至2021年7月,茅台在制酒车间、制曲车间、包装车间、勾贮车间,以及源头供应和销售等重要"关节点"上,共设立了39名质量专员,13名质量督导员及近300名专职检验员和超过2300名兼职检验员。㊁这套循环矩阵质量管控模式,是茅台"大质量"观的具体体现,是茅台品牌的命脉所在。茅台始终坚持强调:"市场对茅台越是关注,行业整体的热度越是升温,消费者对茅台产品越是青睐,我们就越要固守茅台品牌的根本,雷打不动地做好质量管理,始终坚持做应该做的事,做对的事。"

茅台数十年如一日坚持高质量、高标准的发展要求,并在企业内外部构建了整套质量标准和食品安全监控体系。值得一提的是,全流程的质量监管体系,在茅台人的通力合作下,形成了可持续的发展模式。

㊀ 摘自百度百家号的《"大质量"管控茅台是认真的》。
㊁ 摘自贵州茅台官微的《从细节看茅台:不留余地的"质量专员"》。

产品建设：大单品到集群

每当谈到茅台，人们必提飞天茅台酒。为什么一瓶酒有如此魅力，能够赢得人们持久的青睐？最根本的原因便是茅台恒久不变的定力。茅台聚焦资源，持续将心血倾注于生产管理、品牌营销、市场销售等各方面，才创造了飞天茅台酒的传奇。除了这一大单品，茅台还持续创造了许多成功的产品，构建起成熟、牢固的产品品牌体系。在打造产品品牌体系时，茅台根据内外部环境变化与不同发展阶段的特征，不断尝试、优化调整，最终探索出最适合自身的产品结构。

产品由1到N

得益于多年的品牌深耕，"茅台"二字已经成为一个现象级词语。然而，尽管茅台拥有得天独厚的酿造环境及国家红利的多方助推，要产生如此巨大的规模效益和品牌影响力，也并非朝夕之功。

事实上，茅台早期的产品输出，并未采取精准集中的市场投放方式，而是多线并行、分支细密的松散体系。经过长时间对消费市场的投放，并根据消费市场反馈进行调整，茅台才逐步从粗放松散的产品布局，转变至当下布局规整、有的放矢的产品矩阵，使茅台酒和酱香系列酒协同发展，形成双效赋能的"双轮驱动"模式，并持续为茅台增长提供强势动能。

不过，无论对粗放松散的产品投放模式，还是对阵列规整、定位精准的矩阵式产品布局，都无法一以概之地评判高低优劣。因为不同的产品开发和投放准则都是特定社会经济条件下的产物，它们极具时代特色，在变动的市场潮流中，发挥着至关重要的作用。

市场潮流下的多品发展

在改革开放的背景下，茅台的产品布局逐步丰富。改革开放初期，白酒行业脱离原有的"包办"管制，开始走进市场。此时正是打开销售市场的关键时刻，虽外有洋酒"环伺入侵"，内有诸家名酒企业"虎视眈眈"，但各家企业皆想各凭本事施展拳脚，通过主动占据空白市场掌握更大的话语权。如何在激烈的市场竞争中脱颖而出，在变局中把握机会实现跨越式发展，成为茅台亟待攻克的难题。

当时的白酒市场是一片蓝海，大众的需求已呈现出差异性。

但在茅台酒厂成立后的整整三十余年里，其推出的产品仅有53度飞天茅台酒。茅台认为，丰富且受众面广阔的多元产品矩阵，能够最大程度发挥其固有优势，为其争得市场先机。因此，改革开放大潮涌来之际，时任茅台酒厂党委书记的邹开良与时任茅台酒厂厂长的季克良，在反复权衡利弊、集思广益后，提出"一业为主，多种经营；一品为主，多品发展；一厂多制，全面发展"的战略思想。[一]

在强调原有产品优势和多元战略的同时，茅台酒厂开始大规模研发新产品，沿着多系列、多品种、多规格方向，陆续于1986年、1991年、1992年，分别推出了39度、43度和38度茅台酒，低度茅台酒产品开始进入茅台产品阵列的"预备队"。而中、低度茅台酒的面世，不仅是茅台与国际标准接轨的关键一步，也是拓展国内外酱香酒消费市场的重要战略。

虽然东方国家普遍认为，55度左右的高度酒为名优酒，但欧美国家对烈性酒的判定有自己的标准。它们认为，烈性酒的酒精浓度应当保持在40～43度，像白兰地、威士忌、伏特加等都是如此。因此，茅台推出的中、低度酒对国际市场消费者更具吸引力。

此外，中、低度茅台酒与53度茅台酒，只有酒精浓度高低之分，并无品质、风味差别，在饮用时还可加入冰块，不影响

[一] 中国贵州茅台酒厂有限责任公司.中国贵州茅台酒厂有限责任公司志[M].北京：方志出版社，2011.

外观及口感，更加符合国际流行趋势。

这里涉及一个技术问题。茅台之所以能够保证口感、风味的一脉相承，是因为中、低度酒以53度茅台酒为基酒，通过科学降度、留香等工艺，保证酒体同样幽雅细腻。因此，人们不必因顾忌品质差异问题，而对中、低度酒绕道而行。同时，酒量小的人也不必再因为担心度数高而对茅台酒"敬而远之"。

1997年茅台首次推出30年与50年的年份酒，后又在1998年、1999年陆续推出80年和15年的陈年茅台酒。茅台的产品种类逐渐丰富。

为满足不同口味的消费者，扩大产品的市场覆盖面，茅台还增加了广受众、宽应用的多元产品。比如，推出茅台威士忌、茅台干红、茅台女王酒、茅台不老酒、茅台白兰地等新产品。

值得一提的是，针对不同消费阶层，茅台将产品划分为中、高、低三个档位，推出台源窖酒、茅台迎宾酒、茅台王子酒、茅台醇酒、汉酱酒、仁酒等数十种产品类别。同样地，为提高产品应用场景的兼容度，茅台在产品容量和包装应用上进行深度创新，陆续推出1680毫升、1000毫升、250毫升和50毫升容量产品。并且，茅台还推出像二套装、三套装、礼盒等不同包装主题的茅台系列产品，改变了茅台酒往日包装、度数和产品容量单一的格局，填补了茅台产品布局的空白，并打破了仅限于高端消费领域的格局，打开了白酒业界开拓市场的

新思路。

大范围优化产品矩阵，使茅台经济效益飞速跃升。仅1991年，在茅台营收总额中，由新产品产生的利润就高达7000万元。同时，产品多元粗放策略，让茅台在20世纪90年代市场化狂潮席卷而至的状况下，一举跳脱原有"框架"的桎梏，助力茅台在市场化浪潮中迅速调整定位。茅台不仅在全国主要大中城市内建立起配套的对外销售公司，还形成了独特的茅台品牌集群。

多品开发，多种经营

茅台开辟的产品脉系，有着独特的历史地位。台源窖酒于1985年面世，是由茅台集团旗下保健酒公司自主研发，并具有自主知识产权的核心产品之一。其生产工艺与茅台酒一脉相承，均需要长期贮存和精心勾兑。此外，由该公司推出的古源酒、茅乡酒、红钻酒等产品极大程度地丰富了茅台的产品构成序列。

茅台醇酒则是茅台集团旗下技术开发公司的主打经典产品之一，是"多品开发，多种经营"战略下的成果之一，也是茅台产品系列中的"尖子生"。除了曾先后斩获"中国白酒典型风格奖""世界之星包装设计奖"等多项殊荣，茅台醇酒还拥有"贵州省名牌产品""中国名牌、名优产品"等业界称号。茅台醇酒曾作为贵州地方醇酒行销全国，后因陷入长达10年的商标纠纷，第一代"贵州牌"茅台醇酒自此退出市场舞台，由第二代茅台醇酒继续肩负起壮大茅台家族的使命。

有意思的是,这款白酒是茅台家族产品系列中的一朵"奇葩"。作为浓香型系列酒,茅台醇酒自1996年创制之初,就在秉承茅台一贯精尖酿造传统的基础上,糅入科学的现代勾兑技术,形成了浓郁芳香的独特风味,并成功开辟出一片崭新的消费市场。

仁酒是一款凝聚茅台"仁者仁心"理念的酒。2007年,作为茅台旗下首款高档商务型白酒,仁酒进入市场。其与集团旗下经典产品茅台酒"系出同门",不仅具备一脉相承的酿造工艺,还拥有丰满醇和、空杯留香的风味特点。此外,仁酒在包装上采取遒劲古朴的风格调性,在书法文字上辅以新潮元素点缀,形成一种"寓古典于新潮核心,赋现代于典雅之内"的风格特色。

诸如此类的家族产品,在茅台面临市场狂潮的关键时刻,充分发挥了优势——为茅台精准把握市场需求,建立精干的经销商队伍,迅速掌握市场动向,提供了有力的支撑。如季克良形容的一样,如果将贵州茅台酒比喻成世界烈酒领域里一朵遗世独立的"奇葩",那么其他茅台家族产品,就是与之相互映衬的繁盛枝叶。两者之间既不是相互陪衬的关系,也不是相互点缀的关系,而是相互不可或缺的"多年酒友",只有共同茁壮成长,才能够绘出一幅绿叶扶花的绚烂图景。

超级大单品：飞天茅台酒

若在中国酱香型白酒江湖中论资排辈，茅台是当仁不让的前辈。酱香型是我国最早确立的白酒香型之一，后逐步发展为我国白酒第二大香型。并且，酱香型白酒的历史发展脉络和茅台紧密相连，早就在岁月流转中，成为对方最契合的代名词。

茅台之所以能够挑起行业香型代表的"大梁"，得益于其数十年如一日奉行的大单品战略，即始终坚持主业，做足酒文章，做好大单品，充分挖掘茅台酒的潜在优势。

在中国白酒行业内，茅台是首个聚力打造大单品战略的企业。通过集中企业优势，持续攻占企业产品的塔尖部分，茅台将其转化为自身的大单品优势，持续在酱香型白酒领域焕发生机。

事实上，茅台的超级大单品战略并非朝夕形成，而是在数年发展历程中，经过茅台人揭秘、剖析、梳理自身优势和潜力后，提炼出的具体战略。茅台以此为导向，开始有针对性地对产品进行培植。而超级大单品战略培育的产品，就是茅台名扬海内外的53度飞天茅台酒。

超级大单品的准入门槛

茅台想要推出获得市场普遍认可的超级大单品，须满足极高的门槛准入原则。

首先，企业必须拥有能够打造超级大单品的产品基因。并不是任何产品都有成为大单品的潜质。一般来说，能成为大单品的种子选手须在企业内部的产品竞争中拔得头筹。进入市场后，产品不仅要拥有能够凸显企业风格形象的显著特质，还要有强劲的市场竞争力和不可替代性。

其次，大单品的背后推手，是在市场上拥有一定话语权和影响力的大品牌、大企业。因为这些强势的主体掌握着庞大的优势资源，能够为大单品的诞生助益。而这些主体多年培育的品牌口碑，也能使大单品更加迅速地走向消费市场。

一瓶53度飞天茅台酒，凝聚了世代茅台人对酿造传承的不懈打磨精神。它是对茅台崇本尚道、坚持高质量产出的最高诠释，也是茅台跨出国门，宣扬中国白酒文化的使节象征。

自2003年起，在社会经济不断迭代的大背景下，白酒行业迎来了发展突飞猛进的黄金十年。但一路高歌猛进的势头在2012年忽然被按下暂停键——白酒行业的突发事件，使各大小酒企亟须在整体放缓的势头中拨开迷雾，寻找新的发展机遇。危中藏机，正是在行业下行时期，茅台顺势反超同行，在逆势上扬的基础上，持续加强品牌输出，逐步成为中国白酒行业的领头羊。

需要注意的是，茅台的所有策略，都在产品体系上有所体现。例如，茅台在20世纪90年代建立的产品体系，便与多数酒企截然不同。

当时，绝大多数白酒名企，通常以两个左右的高端价位

产品，拉动多个中低端价位产品进行布局。茅台则潜心在高质量、高附加值的产品类型上持续深耕，始终专攻塔尖，充分挖掘超级大单品53度飞天茅台酒的产品价值。通过将超级大单品超高的质量水准与自身强势的品牌力量强强联合，茅台在中国酱香酒市场，建立了历经市场检验的产品判定标准，并在国内外市场的高度认可下，继创造千亿后再开新局。

超级大单品53度飞天茅台酒，不仅是茅台最主要的业务板块，还是茅台家族产品中，经济效益最好、营收占比最大的明星产品。

2020年，茅台酒的销售收入高达848.31亿元，占整个集团总收入比重近九成，而当年茅台酒的销售量为3.43万吨，只占总产品量的53.6%。此外，茅台酒拥有业内最高的毛利率，高达93.99%，比同家族系列酒的毛利率还要高出两成。[1]

作为茅台集团产品矩阵的核心引擎，53度飞天茅台酒在产品定位上与茅台历史沿袭的高端定位一脉相承，在白酒超高端价格带上稳居首位。此外，53度飞天茅台酒还是白酒市场内唯一一款需要厂家对销售价向下调控的产品。2019年，53度飞天茅台酒在高端白酒市场的份额就高达42%，第二名酒企的市场份额为31%，可见茅台拥有着一骑绝尘的地位优势。[2]

---

[1] 陈诗江.产品创新：向茅台学习"塔尖战略"[J].销售与市场·管理版，2018(8).

[2] 摘自搜狐网的《2020年中国高端白酒行业市场现状及竞争格局分析 53度飞天茅台竞争优势明显》。

茅台大单品的行业启示

茅台大单品战略在业内的影响力已经达到了什么程度？简而言之，争做大单品已经成为中国白酒业内默认再造一个茅台的最佳捷径之一。大众普遍认为，各个白酒企业的大单品越接近53度茅台飞天酒的效益和模式，其成为业内领航者的可能性就越大。

茅台令同行艳羡不已的营收业绩和市场影响力，吸引了业内无数追随者蜂拥而至。在茅台凭借产品战略优势，一举攀上白酒业界峰顶的同时，行业中其他酒企的产品战略亦向茅台靠拢。行业之中，不乏参照茅台路径，集中力量打造大单品，剪除冗杂子品牌的知名酒企。

中国名白酒企业五粮液，曾以产品多元化为战略主导，但后因子品牌过于庞大繁杂，导致主品牌力量被一再透支。近两年来，五粮液也在加大对子品牌的整顿清理力度，集中力量强化自身的经典大单品。

同为酱香酒领域的知名企业，郎酒主打的大单品青花郎的行业参照对象，就是53度飞天茅台酒。郎酒掌门人汪俊林曾多次在公众场合阐明，青花郎的产品定位就是从品质、价格到内涵都成为酱香酒领域的第二高端产品。[一]

[一] 摘自百度百家号的《特写：茅台的追赶者们》。

茅台商标变迁

2018年，习酒将公司销量不足10吨的单品全部清除。其行为背后同样遵循着茅台塑造大单品的战略方式，即着力集聚企业优势，提升企业的品牌力。

茅台，已然成为行业大单品新秀们奋起直追的目标。显然，53度飞天茅台酒所展现出来的聚焦战略优势，为白酒行业的繁荣发展，提供了一套行之有效的样本。

产品集群：聚合进阶进行时

从产品布局粗放，到着重打造"大单品"，再到更有侧重点、更精细、更系统的茅台家族产品矩阵，茅台产品布局一直是不同时代白酒行业发展方向的生动侧写，也是茅台不断探索求进的鲜明写照。

21世纪初，可以看作白酒行业产品布局的1.0阶段。当时，为占据更广阔的市场，行业内众多酒企纷纷增加旗下产品种类。五粮液更是在此期间"以量取胜"稳居行业龙头。需要辩证看待的是，虽然产品种类增多确实为各酒企创造了不菲的利润，但随着种类的无序增加，酒企因缺乏对旗下产品的统筹管理，使之处于散乱、盲目竞争的状态，反倒削弱了企业的核心竞争力。

时过境迁，当下正处于消费升级时期，人们的需求更加立体多元。因此，如今市场在产品布局1.0的基础上，对各酒企提出了更高的要求——建立产品框架，讲究产品矩阵平衡。

在白酒行业中，人们会以产品价格为维度，将不同的产品放置在相应的层级，使之呈现出高、中、低不同价格区间的矩阵模型，这三个部分只有平衡、协调发展，才能够发挥产品集群的最大优势与效益。因此，各白酒企业需要明确旗下产品的市场定位，并进行集中产品培育。

白酒行业是一个受众范围广且黏度集中的领域，如何将投放在不同价格区间的白酒产品做出"名堂"，也是各大酒企为求发展亟待考虑的问题。茅台对此有着明确的解决方案：形成产品集群，聚合产品优势。因此茅台旗下的产品矩阵结构清晰，主要分为茅台酒和系列酒两大分支。

其中，茅台酒又可以分为普通茅台酒和非标茅台酒两种类型。前者包括53度飞天茅台酒、低度飞天茅台酒和五星茅台酒三款（系列）产品。后者则主要指具有特定文化背景或含义的茅台高端酒，其中包括茅台年份酒、生肖酒、精品茅台酒、纪念酒和特别定制酒等多种产品类别。在系列酒布局中，茅台也

明确划分出"一曲、三茅、四酱"的产品布局，即贵州大曲、华茅、王茅、赖茅，以及茅台王子酒、茅台迎宾酒、汉酱酒、仁酒。

在茅台主打的高端酒中，茅台酒与系列酒向下分支的各个产品，都能够在高端、超高端区间的消费市场中充分发挥茅台的固有优势。在中档、中低档价格区间里，茅台也布局了能够独当一面的产品。不仅可以满足不同消费者的需求，形成企业的全方位发展，还能够激发不同市场的巨大潜力，最终形成良性循环发展模式。

多梯队产品布局

特高档区间内的产品，非飞天茅台酒莫属；高档区间内，茅台又以汉酱酒为代表性大单品面向市场；中高档区间内的茅台首席"代言人"是茅台王子酒及其系列酒；中低档区间内，则是以"好客、敬宾"为品牌定位推出的茅台迎宾酒为代表。四款不同的产品，形成了茅台产品集群的基本构架。

以"潜在经典、盛世汉酱"为核心理念打造的汉酱酒是茅台系列酒高端阵营的代表。从"枸酱甘美之"而来的汉酱酒，自2011年面世，就深受消费市场的认可和青睐。其首创的51度绵柔酱香概念，顺应了饮酒的新风尚。汉酱酒不仅继承了茅台酒一贯甘醇绵长的口感，还将其向绵柔方向进一步延伸，在秉承茅台酒酿制传统工艺的同时，极大地契合了消费市场走向，被称为茅台"十二五"期间战略落地的力作之一。

茅台系列酒中"镇守"在中端市场的是茅台王子酒。属于大曲酱香型酒的王子酒，其酿造技艺和质量管理体系与茅台酒一脉相承。不仅有与茅台酒同样严苛的酿造环境，还依循"三高三长"、季节性生产等酿造工序，与茅台酒在风格和质量上堪称"孪生兄弟"。这是茅台旗下所有酱香型白酒中，品质、口感最接近茅台酒的产品之一。

一瓶53度飞天茅台酒从投料到出厂至少需要5年，而茅台王子酒最少需要3年。与茅台酒一脉相承的酿造工艺，让茅台王子酒在消费市场上获得了广泛的好评。2008年，茅台王子酒荣获"贵州八大名酒"的称号，3年后再次荣膺"贵州十大名酒"称号。此外，茅台王子酒还通过了国家有机食品、纯粮酿造和绿色食品三大认证。

自诞生以来，茅台就因天然的酿造环境和依时而作的工艺，以稀缺高质闻名于世。对大众市场的开辟不足，是茅台曾经的短板。但旗下产品茅台迎宾酒，成功弥补了这一缺陷。

茅台迎宾酒是以茅台酒糟和仁怀当地有机小麦、高粱为原料，通过茅台酒酿造工艺制成的53度酱香型白酒。在勾兑环节中，还会加入一定比例的茅台酒进行勾兑，所以茅台迎宾酒的品质和风味，在继承茅台酒酱香、醇甜香和窖底香三种典型香味的同时，还具有独特的焦香幽雅特性。茅台迎宾酒是名副其实的茅台酒平替产品，极大程度地满足了喜爱茅台酒的消费群体的需求。

值得一提的是，茅台迎宾酒在茅台酒酿造工艺的基础上，依靠科技创新，在酿造制酒环节引入了新的技术和方法。例如，茅台迎宾酒在原酒醅中，引进新的酿酒微生物，通过再生发酵等方法，在传统工艺的基础上，将茅台迎宾酒的蒸馏取酒工艺从七次提升到八次，不仅提高了酿造原料的利率，还极大缩短了酿造用时。在节约生产成本的同时降低价格，遵循其"迎宾迎天"的产品文化理念，为大众市场提供物美价廉、经济实惠的酱香型白酒。

自"一品为主、多品开发"战略提出后，茅台与旗下各公司陆续推出了大量新产品。该战略虽在特定的阶段帮助茅台扩大了市场份额，但随着产品种类与数量逐渐逼近临界点，也在一定程度上稀释了主品牌的价值。

主打+系列：产品聚合进行时

以茅台"双轮驱动"主角之一的酱香系列酒为例。2014年末，整个中国白酒市场还未走出低迷期，白酒高端市场持续萎缩，次高端市场的形势同样不容乐观。开拓中低端市场，保住旗下产品在腰部市场的利润，打造具有市场竞争力的典型产品，实现对中低端市场的抄底，成为当时各大白酒企业"力挽狂澜"的有效突破口。

在这样的背景下，茅台在同年的经销商大会上正式拉开了"大茅台"产品战略的帷幕，并推出"133战略"进行品牌建设。[一]"133战略"是指茅台集团以茅台酒为重心，把华茅、王茅、赖茅三大品牌作为重要战略品牌进行培育，再将汉酱酒、仁酒、茅台王子酒这三个系列品牌，作为重点的腰部力量进行培植，倾力打造一个世界级白酒品牌。通过特色产品的联动，形成茅台产品和品牌的集群效应，作为茅台产品"精准聚合式"发展的开端。

这与20世纪90年代茅台的品牌扩充战略风格截然不同。此次在集团军的统筹规划下，茅台各产品布局更明确，定位更明晰。在有的放矢进行差异化布局的同时，茅台还整合散落的其他品牌和产品，改变了以往各子公司之间竞争混乱的局面。

除了集中统筹，茅台还做了另一项大胆决策——将茅台酱香系列酒从贵州茅台酒的营销体系中独立出来，成立茅台酱香系列酒营销有限公司（简称酱香酒公司），担当酱香酒市场培育与拓展重任。

酱香酒公司高层在谈及初建期品牌冗杂问题时提道："当时酱香系列酒的品牌将近40个，品种达到三四百个。"为聚力打造"133战略"，酱香酒公司采取了一系列品牌"瘦身"、调整产品结构的措施。经过大刀阔斧的改革，酱香系列酒品牌减至10余个，品种也大大减少。同时，在产品结构方面，酱香酒公司也坚持做大"大单品"，扩大中端产品销量，减少低端产品数量，以求更平衡、有序地发展，进而避免了子品牌对主品牌的稀释。

[一] 摘自酒水网的《贵州茅台"133战略"打造大茅台品牌集群》。

通过多种组合拳，茅台旗下产品终于从冗杂走向规整，其产品战略也从粗放走向精细。使得茅台的市场感知力更为精准，继而实现产品投放目标。

产品新增长极：酱香系列酒

2019年，茅台酱香系列酒营销顾问团第四次会议上，茅台高层重申酱香酒作为"新增长极"的重要地位，表明茅台系列酒的"第二次发展浪潮"即将掀起。未来，必须要像重视茅台酒一样，助力系列酒的高速发展。㊀

得益于茅台在品牌矩阵上的多年培育深耕，茅台酱香系列酒的营收正以迅猛势头逐年递增，真正成为茅台家族产品的新增长极，这也证明了茅台产品聚合决策的正确性。

从茅台酱香系列酒的发展史来看，2015年该系列产品的营收只有13亿元，3年后，其营收就直接飙升到90亿元。㊁由此可见，茅台酱香系列酒的营收业绩处于翻倍增长的态势。

2019年，茅台系列酒的大单品效应开始显现优势。茅台王子酒成为超30亿元级别的大单品，继续保持茅台集团第二大单品地位，汉酱酒、贵州大曲也成为10亿元级别的大单品。这意味着，酱香系列酒以茅台王子酒为核心的大单品群已经形成。

㊀ 摘自新浪财经的《茅台集团李保芳：像重视茅台酒一样重视系列酒发展，激情拥抱系列酒大发展时代到来》。

㊁ 摘自百度百家号的《茅台集团2018年营收达750亿元，增速继续维持在40%》。

在品牌方面，通过持续开展形式多样的品牌营销活动，包括"茅台王子·明亮少年"公益活动、名人代言、冠名各类赛事等方式，使系列酒品牌的知名度和美誉度持续增强。

同时，茅台系列酒的市场建设也逐步成熟。从市场布局来看，面向经销商的动态管理已经实现，进一步优化了网络布局；从管理来看，酱香酒公司在2021年制定了40多项管理制度，围绕配齐配强领导班子、加强团队建设、理顺机构设置、强化绩效管理、提高服务能力等方面有序展开；从渠道建设来看，产品展示、文化宣传、品鉴体验功能一体化的酱香酒体验中心，犹如创造性地打造了一个"微缩版"茅酒文化城，不仅能够精准培育消费群体，还能够切实拉动终端消费。

2019年是酱香系列酒的"品牌塑造年"。茅台围绕"文化、服务"这两大主题持续深入，努力从高速发展转为高质量发展，在茅台集团年营收达千亿元的关口上，茅台酱香型系列酒的年营收也成功突破百亿元，在茅台历史上镌刻下"千亿茅台，百亿酱香"的恢宏里程碑。

茅台人对茅台酒和茅台酱香系列酒之间的关系，进行了生动的描述：如今，茅台在中外市场上，就像是一艘乘风破浪的航空母舰，要发挥好自身的最大优势和战斗力，就得将配套体系的强化筑基做到实处，将身边的护卫舰、巡洋舰等列阵方队归置整齐。

此外，茅台当下所面临的短板同样不容忽视。茅台拥有行

业市场上的最大体量和势能，但是集中的"战斗体系"并未建成，而对于茅台系列酒的聚合集成式打造，就成为打通其中关卡的关键一环。

因此，在茅台的"十四五"规划中，茅台产品"1+3+N"的升级战略也同步走来，这对于产品集群的"大成之作"——茅台酱香系列酒，提出了更严苛的要求。

在"1+3+N"战略中，茅台将再度开启"瘦身计划"，集中对旗下现有的品牌、产品和下游经销商资源进行全盘评估和清理，按照"一核三翼式"集成架构，保留具有长远价值和过渡期价值的产品。在酱香系列酒产品阵列中，形成以茅台王子酒为重心，以汉酱酒、贵州大曲、茅台1935和"三茅"为强势外延的产品列阵。

这背后是茅台对"大单品"战略的再度强化。茅台希望控制品牌数量，鼓励旗下子公司培育具有自主知识产权的全新优势品牌，并将这一经典战略更精准地落实下去。

按照茅台的"十四五"规划所述，茅台力争在2021年底，全面在子公司停用集团LOGO，并于2023年底，建成完备的"1+3+N"体系，塑造出更加有的放矢的茅台产品集群阵列，为茅台的发展持续添砖加瓦。

价格定力：行业规范标尺

价格是产品价值在市场上的直接体现，随着市场供需关系的变化而上下波动。茅台依循着以质论价的划价原则，不论是在市场浪潮席卷而来的躁动期，还是在行业调整的下行期，其产品价格始终处于较为平稳的状态。这正是茅台定力作用于价格的典型表现。

坚持稳定的价格体系，是茅台对定力的高度诠释。在持续发展过程中，茅台拒绝使用价格手段实现短期跃升，始终依照以质论价的原则，以"摈除虚浮，回归商品价值"为价格导向，表达自己的理性态度。

白酒价格与行业格局

白酒行业区别于其他食品行业的显著特点是，产品价格区间清晰明确，并按照固定标准进行区分，进而衍生出代表品牌和主要单品。

事实上，白酒行业拥有界限分明的价格区间，是因为行业布局已经成熟，产品价格波动整体上趋于平缓。这并不是朝夕之间规划成型的，而是中国白酒产业周期嵌套在国家经济周期中，经过白酒行业的多次价格轮转，和市场这只"看不见的手"的自发调节、优胜劣汰后，最终形成的稳定局面。

自1952年第一届全国评酒会评审后，以山西汾酒、贵州茅台、陕西西凤、宜宾五粮液、泸州老窖等知名酒企为主要力量的中国白酒产业体系就已形成。

得益于国家对国内各大白酒企业长达数十年的培育，高端白酒行业凭借高质量的产品输出和体系化的企业运作迅速在市场上壮大。同时，以汾酒、茅台、沱牌、秦池、酒鬼、五粮液等为代表的头部白酒企业，开始划分市场。

纵览中国白酒行业格局的发展演进过程，我们可以依照风格各异的白酒"领军"企业，划分出不同白酒风潮的发展阶段。在中国白酒行业发展史中，汾酒、五粮液和茅台三种不同香型的白酒曾先后成为行业领军者。以它们的行业地位变化为脉络，从它们的价格变化过程中，能够看到白酒行业格局的变化。

掌握产品定价权

中国白酒行业与国家经济发展脉络紧密相连。在物资匮乏的年代，白酒行业作为资源消耗型行业，白酒被国家归入"管制系统"产品一类。这类产品接受国家集中调配，进行统购统销，按照既定方针严格执行。不愁前路是当时白酒行业的普遍状态。随着改革开放的实施和深化，国内外市场开始显露出巨大潜力，涌现出一大批敢于勇立潮头的企业和创业者。

当时，汾酒作为清香型白酒的"掌舵"企业，凭借发酵周期和窖藏时间短，生产规模受客观因素制约少，具有耗粮少且出酒率高等优势，发展遥遥领先。

1985年，汾酒的产量就已超过8000吨，占全国白酒产量的50%。[一]并且，由于国家对白酒的价格管控，各大名酒企业的产品价格相差无几。拥有更多产量，就意味着拥有更大的产品话语权和市场影响力。

这一时期，与汾酒相比，茅台在市场占有率上还有待提升。这是由于茅台酒酿造工艺复杂，对时间和原料要求较高，且受国家计划严格调控。因此茅台不仅在产品定价上一直未掌握决定权，而且真正进入市场的时间也比汾酒等其他名酒企业更迟。1985年，茅台酒厂申请将国家计划外的三分之一产量用于自行销售后，才正式步入消费市场，但茅台的价格调整仍由国家决定。

直到1988年，国家放松对白酒行业的管制，开放白酒定价权。此时，位列13种放开管制名酒之一的茅台酒，经授权将产品基础零售价定为100元，并按照所面对的海外市场和产品等

[一] 摘自搜狐网的《白酒30年往事：汾酒衰退，五粮液突围，茅台夺魁》。

级，进行不同程度的调价。

随着经济发展的需要和国家价格体系的深入改革，国家层面决定下放部分灵活定价权给茅台酒厂。1996年后，又将产品价格体系中冗杂的调拨价、批发价取消，把500毫升1瓶的茅台酒定价为168元，茅台酒厂才逐渐掌握旗下产品定价权。

价格随市场而动

仅从整个白酒行业的产品价格变动来说，20世纪90年代是各品牌白酒产品价格波动频繁，行业"躁动"尤其明显的时期。这一时期，市场活跃，绝大多数的白酒产品价格随着市场发展频繁变化。比如，在经济势头向好时，白酒便涨价；在行业相关政策收紧时，白酒就降价。

变动意味着机遇和困境。变局之下，不同企业的应变策略，指向不同的发展轨迹和目的地。

1993年，市场上白酒酿造原料集中涨价，绝大多数酒企决定提价。此时白酒行业中的各大名酒企业已经初步奠定了产品价格基调和方向定位。[一]当时，在白酒行业体量最大、经济效益最好的汾酒"汾老大"，为赢得更高的市场份额而放弃提高产品价格，调整自身产品定位为"老百姓喝得起的酒"，走上了亲民路线。

[一] 摘自搜狐网的《白酒30年往事：汾酒衰退，五粮液突围，茅台夺魁》。

与汾酒截然不同的是五粮液。作为当时发展势头迅猛的黑马企业，五粮液借力科技促进自身的工艺优化和生产设备改进，[一]并创立了买断式经营，推出OEM产品，迅速提高旗下产品的市场占有率，扩大品牌影响力。[二]

此后，五粮液进入飞速发展的扩张期，其白酒产量和市场占有率一路飙升。同时，大量投放广告的品牌营销时代来临，五粮液在市场需求扩大的情况下大胆提价，在1996年底成功超越汾酒，稳步向当时白酒行业的金字塔顶端进军。

逐渐掌握产品定价主动权的茅台，则开始在营销策略上采取适宜市场运作的新方式。例如，稳定国内糖酒公司的主营销售渠道，同时拓展新销售渠道，并根据不同的销售渠道的特点设置适宜的价格等。在20世纪90年代，茅台酒的价格就基本维持在200元左右。

此外，茅台还在夯实高质量生产的基础上，开发并推出多品类的茅台酒，用以满足细分市场的不同需求。同时，将企业高端品牌路线做精做细，主动拥抱市场。茅台在全国20多个城市建立茅台经销点，公开挂牌经营，逐步在国内市场建立口碑。

与茅台埋头潜心筑牢基础、稳定价格截然相反的是，20世纪末白酒市场上各大老牌、新秀酒企的竞争非常激烈。面对强势对手五粮液"遍地开花"式的品牌扩张，以及数个新晋白酒

[一] 陕西省白酒行业技术调研组.名优酒厂调研纪事[J].酿酒，1986.

[二] 摘自雪球网的《五粮液的渠道发展史及变革》。

企业漫天造势的营销广告，位居第一的汾酒感到了威胁。在市场份额不断被挤压，并错失广告营销黄金时段的多重压力下，"汾老大"的龙头地位开始动摇。

1998年，亚洲金融危机、山西朔州毒酒案等"黑天鹅"事件接踵而至，"汾老大"站在风暴中心遭到巨大冲击。整个白酒行业的形势也不容乐观，业内一年的白酒总产量锐减500万吨，产品平均零售价也骤降至原有的一半。㊀

这一打击促使我国白酒龙头企业更新换代。五粮液凭借庞大的品牌布局和市场占有率优势，成为继汾酒后中国白酒行业的新任领军者，翻开了崭新的中国白酒篇章。

占据出厂价高地

2001年，中国加入世界贸易组织后，白酒产业的销售模式逐渐向扁平化方向发展，团购等营销方式成为拉动白酒产业增长的驱动力之一。2003年前后，白酒行业风波影响逐渐息止，上升期随之到来。自此往后的十年，被称为白酒行业的"黄金十年"，也是五粮液和茅台两大白酒巨头竞相角逐的时期。

这期间，五粮液和茅台走上了两条截然不同的道路。五粮液在自身产业的基础上继续深耕，践行多元化的发展策略，在扩大品牌市场布局的同时，将企业经营范畴从白酒延伸至多个行业，推出丰富多样的产品和服务，满足不同圈层的消费需

㊀ 柳剑华.金融危机：中国酒企发展新拐点[J].中国酒，2009（2）.

求。而在主业白酒的管理上，五粮液则主要依靠大经销商开拓产品销售渠道，给予经销商充分的自主权，将白酒产业经营决策权在一定范围内下放。

茅台则始终将渠道控制权把握在自己手中，对经销商不做区分，统一对待。凭借高质量的产品输出，茅台继续扩大市场影响力，坚持打造大单品，围绕白酒主业做文章，有计划地增加白酒产品种类，始终严苛要求旗下产品坚持高质、高端品牌的定位。

2008年，茅台高端品牌的形象价值开始显现优势，五粮液的多元化战略格局也走向巅峰，两者在产品价格定位上开始了长达四年的拉锯战。2008年1月，茅台对旗下产品进行全面提价，其中53度飞天茅台酒出厂价从每瓶358元提至439元，以一元之差高于五粮液52度500ml装的出厂价，自此实现了价格超越。㊀

这段时期，茅台在坚持原有战略不动摇的前提下，充分发挥自身优势，提升品牌形象价值和美誉度，并保持高质量产品产量不断层、不下滑，标准绝不降低。最终，茅台在业内缔造了一场蔚为壮观的"茅台现象"。同时期的五粮液则在多元化发展道路上持续发力，但由于品牌品类冗杂繁多，逐渐稀释了原有品牌价值。五粮液的行业龙头地位开始动摇。

白酒行业"黄金十年"，茅台养精蓄锐，韬光养晦。2012年，在整个行业下行进入调整期后，茅台又凭借自身过硬的产

㊀ 张明，江靖宇. 茅台喊涨藏价格谋略[N]. 中国经营报，2009-07-13（06）.

茅台定力

品品质、品牌力和渠道力优势，在逆势增长中精准把握未来方向。同年，53度飞天茅台酒以819元的产品出厂价，全面超过当时五粮液52度500ml装659元的出厂价格，在高端白酒价格带稳居榜首。[一]

坚定产品价格定力

2012年，塑化剂事件的突然爆发，使白酒行业进入第三轮调整期，以茅台酒、五粮液为主的白酒产品价格出现断崖式下跌。为保证企业存续，业内不少名酒企业选择在此时主动降低出厂价。

2014年，五粮液将出厂价从729元降至609元，[二]致使自身品牌影响力、收入和利润都出现了不同程度的下滑。这期间五粮液的出厂价反复波动，甚至在一段时间内出现产品价格倒挂现象，在一定程度上损害了自身的品牌价值和销售渠道发展。这一时期，茅台酒则始终将出厂价保持在819元。

2013年，茅台以999元一瓶茅台酒的价格向优质经销商开放经销权。[三]茅台始终将渠道的掌控权把握在自己手中，为自身的经营战略执行提供后备保障，并借此培育起一批优质经销

[一] 摘自知乎的《茅台VS五粮液　究竟谁才是中国的白酒一哥？》。
[二] 摘自雪球网的《茅台财务分析》。
[三] 摘自3158名酒网的《2013年中国酒业风云榜：茅台放开经销权抢夺优质经销商》。

商。通过打通产品销售渠道，茅台在行业调整期内实现产销量逆势增长。正是得益于此，其业绩增长在未来市场上仍然具有一定确定性。

销售模式的不同，让茅台和五粮液在产品销售、调控方面呈现出巨大差异。二者对自身商品议价能力的掌控权，也致使它们朝着不同的方向前进。在白酒行业第三轮调整中，茅台的沉稳应对，使其牢牢巩固了行业地位，且逆势上扬。

2016年后，以茅台为首的中高端白酒企业进入显著回暖时期。茅台的发展引擎飞速转动，一跃成为国内外超一流的烈酒企业。

随着新一轮消费升级来临，作为白酒竞争格局中的龙头企业，茅台凭借其深厚的文化底蕴、高黏度的社交属性和品牌美誉度，将迎来持续发展时期。此外，茅台酒身上的稀缺属性和收藏属性，亦将不断释放价值。

如今，中国白酒行业经过多次深度调整和消费市场的自发筛选，清晰的价格带已经形成。茅台凭借精悍的产品实力和强大的市场定力，始终坚守在白酒阵营发展主业，并成为行业价格风向标。茅台在高端白酒领域一路高歌猛进的发展势头，使之在一定程度上成为同行在品牌、质量、战略、管理等多方面的学习对象。显然，茅台对白酒市场和行业的发展发挥着指向作用。

茅台产品价格逻辑

当企业发展到一定高度时，就会从一个具体的品牌专有名词，演变成具有"度量衡"价值的形容词，比如通信软件领域的苹果公司、互联网商务贸易平台的阿里巴巴。它们证明，企业在开辟了崭新的行业前景，业务能力达到旁人短时间内难以超越的程度后，就会成为一个行业的"度量衡"，在市场或行业内产生独特的价值导向。

茅台产品在白酒价格带上的标尺作用，最直观地展现出茅台的导向作用。在白酒界限分明的价格矩阵上，茅台的产品价格能够明确指示以质论价的上限在哪里。

为什么茅台在行业内具有价格标尺作用？这样的功能定位是消费市场自发筛选形成的，还是经人为引导产生的？实际上，这两个问题的答案，都指向同一个方向——茅台产品的价格逻辑。

以质论价的商品原则

在商品经济中，价格围绕价值上下波动，这就是商品的价值规律。

一般来说，当商品投入消费市场时，市场这双"看不见的手"会进行自主筛选和判定。消费市场对产品的"质价对等"形成普遍认可后，由市场向行业做出反馈，最终才能真正形成一种价格导向。

提及茅台，首个关键词就是"价高"。其后必然还跟随着另一个关键词"质高"。产品的价值决定价格，茅台酒由生产周期、成品质量等构成的产品价值，注定让茅台酒在产品价格带上位居前列。这也是茅台酒在高端白酒市场上获得认可的重要原因之一。而茅台的产品基因，也是茅台产品在白酒价格带上位居前列，在高端市场获得成功的内因之一。

作为黔地独具特色的品牌，茅台酒一开始就具备满足极致味蕾体验和追求品质的特性。这让茅台与一般快产快销式的企业不同。进入市场浪潮后，茅台仍以做好一瓶酒为初衷，坚持遵循四时酿制，在品质上做到极致。同时，始终坚持稳定且高质量的产品输出，也为茅台产品价格在市场中站稳脚跟提供了强大支持。

市场处于变化之中，茅台深知，唯有经典从不畏惧岁月更迭。茅台酒在历史浪潮中历久弥新，也势必在新格局中保持经典魅力，持续散发光芒。

从建厂起，茅台酒投放市场的销售价格就受到国家严格管控，有出厂价、调拨价、批发价、零售价四种具体价格，且按照以质论价的原则，在整体定价上，略高于同期名酒产品。以出厂价为例，从1953年至1956年，茅台酒平均每吨2553.02元，每瓶1.28元，零售价为2.84元，[一]而彼时市场上其他白酒的售价

[一] 摘自酒老板的《贵州茅台酒各个时期的价格演变》。

不过每瓶几角钱。[一]即便如此，茅台酒的价格在1988年之前，仍长期低于产品价值。

作为"中国名片"之一，茅台酒的生产质量始终受到国家的严格监管。回顾茅台的发展，茅台酒的产量以数十倍的频率向上增长，品质也在原有的严苛标准上几度抬升。

从原料进厂到成品酒上市，一瓶茅台酒会经过至少5年时间。这使茅台酒拥有业内独一份"超长待机"的贮存能力。随着贮存年份的延长，酒体的品质将再度提升。这为茅台酒注入了更丰富的价值内涵。同时，茅台酒的稀缺性和收藏价值，使茅台拥有以产定销的主动权。这为解释茅台酒的价格逻辑提供了强有力的支撑。

价格需要市场认同

当价格能够精准反映价值后，产品还要经过消费市场的自发选择和判定，经过市场和行业的双重认可，才能在市场上发挥价格导向作用。

茅台酒因绝佳的品质和强大的品牌效应，而拥有很大的市场潜力。此外，由于产区限制，茅台酒供不应求成为常态，其销量的增长很大程度上取决于茅台酒供给量的增长。而茅台的

[一] 摘自百度百家号的《茅台酒那么贵，市场上有质量接近的吗？怎么买得到？》。

供给量，每年都是在适度区间内，保持8%～10%的稳定增长。㊀

具备一定的社交属性和精神属性，是茅台酒拥有强大品牌优势的又一原因。它不仅是普通的饮品，还承载着社交功能，这导致市场对它的品质和品牌的要求更加严苛。而茅台多年以质量为绝对标尺的生产宗旨，以及强大的品牌价值，使其拥有了极强的品牌影响力。基于此，茅台一举成为全球最具价值的品牌之一。

值得一提的是，为推动市场健康有序发展，茅台还曾采取控价措施。这源于茅台酒在市场交易中产生的溢价现象。所谓溢价，是指一瓶1499元的茅台酒，在市场上的流转价格会上涨一倍到两倍不等。如此悬殊的差异，是茅台成熟的品牌价值、收藏价值等多重因素导致的。

2020年年底，监管部门以茅台为切入点，加强了对白酒行业的价格监管。当时临近春节，正处于名优白酒的销售旺季，对以茅台为代表的头部酒企加强价格监管，能够在行业中形成有效的导向效应，保证春节期间白酒市场的正常运转。

食品产业分析师朱丹蓬认为，作为近几年产品涨价幅度最高的企业，茅台对于稳定价格、稳定市场、稳定整体秩序，有着非常重要的标杆和警示作用。随着整个微循环及国内国际双循环相互促进的新发展格局的开启，茅台的诸多举措可以达到

㊀ 摘自雪球网的《茅台财务分析》。

稳定市场秩序的作用。[一]

在2021年的股东大会上，茅台高层明确表示，将引导茅台酒价格回归市场规律和商品以质论价的本质，通过"双节"增量投放产品、实施空瓶换购、取消非标拆箱等措施，遏制茅台零售价的高涨，回应市场信号。[二]

长期以来，茅台酒就凭借其多重价值，在价格上区别于普通酒类产品。以产品质量为基准，茅台酒的产品价格真实地反映出其价值。此外，茅台一以贯之的硬核质量文化，使产品能够在自身价格区间内站稳脚跟。最终呈现的结果，证实了茅台价格逻辑的科学性和合理性。

茅台的产品价格能够形成指导效应，在一定程度上成为行业价格标尺，是经市场认定后形成的结果，并非人为力量能够左右的。茅台酒为白酒行业打造了一个高质量发展路径的样本，形成了独特的茅台风格路线，持续为中国白酒行业赋能。

行业价格标尺：是界限，不是界定

"白酒价格看高端，高端价格看茅台"是投资领域和白酒行业内老生常谈的一句话。在大众消费市场，人们惯常将每瓶价

[一] 摘自百度百家号的《两大部门同日下发监管函 贵州茅台回应称"只是常规问询"》。

[二] 摘自搜狐网的《媒体实探：茅台酒终端价格系理性回调》。

格超过千元的产品归入白酒高端阵营。其中，茅台酒在白酒高端市场占据绝对优势。

茅台酒位居高端白酒价格带顶部，这对于行业内各个白酒企业的产品价格划定具有标尺作用。需要明确的是，作为价格标尺的茅台酒，发挥的是界限作用，而非界定作用。

"界限"是指茅台在产品价格上，提供了一个"优质样本"框架。这是在茅台产品市场影响力的基础上形成的正向导向。茅台产品价格划定的意义，在于让行业明确以质论价的"天花板"在哪里。即要实现"茅台式"成功，就需要因地制宜实现自身特色发展，最终将优势呈现在价格上。

茅台对产品价格的划定，不仅关乎自身的营收和发展，还关乎行业的价格走势。茅台酒价格上涨，为同类高端白酒竞争者指明了价格"天花板"的位置，也为次高端酒企的产品预留了明确的增值空间。

因此，茅台并没有界定行业价格，而是划定了一个界限。

2021年3月，茅台发布最佳业绩年报，茅台以1140.41亿元的营收和543.72亿元的净利润远超其他名白酒企业，雄踞中国白酒企业榜首。㊀

同样的情况发生在大众消费市场。被誉为市场"硬通货"

㊀ 摘自百度百家号的《茅台集团去年营收超1140亿元？酱香科技的茅台凭啥如此暴利？》。

的茅台酒，即使价高，在市场上依旧供不应求。随着茅台直营渠道的拓宽，消费者在各大电商平台、商超卖场中都能够以厂家建议零售价直接购买茅台酒，但飞天茅台酒仍然一瓶难求。

行业内许多酒企也通过打造爆品获得市场成功。它们成为茅台的追随者，从茅台"聚焦主业，做足大单品"开始学起，推出大单品并做足宣传，在次高端、中高端等产品价格带上积极布局。

随着"茅台风潮"的持续发展，行业中大小酒企的发展模式，都在逐渐与茅台趋同。大单品概念、品牌矩阵战略，以及收束资源、拉长周期、精攻主业等，都与茅台的发展思路有着异曲同工之妙。

2020年6月，在习酒公司交出的行业首份"半年答卷"中，"双过半"、营收突破50亿元的成绩十分显眼。在当时社会经济稍显疲软的情境下实现逆势增长，无疑是习酒正确战略的直观呈现。⊖

在习酒的发展轨迹中，能够清晰看到茅台的影子。不论是2019年批量清理冗余产品，向形成矩阵式产品结构排兵布阵，还是在消费升级浪潮中向高端产品带进军布局，强调匠心工艺……都是通过从茅台样本中汲取精髓，助力自身发展。

在以"聚合营销"为主旨的号召下，习酒亦会在未来与茅

⊖ 摘自凤凰网的《茅台向习酒发贺信：携手"双过半"并肩同行做大酱香》。

台并肩前行，将在做强品牌、做大酱香、秉承匠心、恪守工艺等各方面深入推进，共同书写茅台与习酒的"十四五"华章。

此外，随着茅台酒价格的攀升，次高端白酒市场开始有了发展空间。于是，水井坊旗下的典藏大师、洋河的手工班、今世缘的国缘V9等一干白酒企业产品皆在该区间内生根发芽。

各家酒企非常清楚，成为第二个茅台并没有多大的意义。相反，将茅台的优势拆解，提取要素作为自身企业优质项的参照物，将茅台量化成一个明晰的"界限"，不断向其靠近，才是一条更具可行性的道路。

市场导向：为消费者服务

不管是酿造高品质的酒，还是维护价格体系，实际都是为消费者服务。茅台坚持与时俱进地升级市场策略，从品质到渠道再到品牌，以最大程度地满足消费者需求。

因市而动，依市而行

从企业发展角度来看，选择以需求侧为导向是指以满足市场消费需求为主，围绕消费需求做战略调整。我国的消费需求变化，有一个明显的时间节点，即改革开放。

改革开放前，大众消费需求差异并不明显。改革开放后，我国经济飞速发展，大众生活水平普遍提高，消费需求逐渐分化。随着改革开放的深入推进，这种趋势愈发明显。因此，企业无法再通过复制从前的模式，来满足逐渐多元化的消费需求，而必须紧跟市场变化，及时做好战略调整。

因市而动，依市而行。以改革开放为起点，在我国白酒产业周期轮转中，针对不同阶段的市场特性，茅台进行了相应的战略调整。

时代需要好酒

在改革开放之前，国家实行计划经济政策，白酒行业还未走上真正的市场化道路。随着改革开放的深入推进，人们收入日渐提高，开始追求更高的生活质量。在这种情况下，各酒企都在不断探索，如何与市场建立更紧密的联系，为消费者提供品质上乘的好酒。

与此同时，针对国有企业的改革开启，政企分开、产权清晰与科学管理逐步实现。同时，对名烟名酒的价格管控也随之放开。这意味着我国白酒真正踏入市场，进入品牌化营销时期。

为做好品牌营销，茅台转换观念，主动踏入市场，与一众经销商联手实现市场转型，并逐步树立起"生产围绕销售转，销售围绕市场转，市场围绕顾客转"的营销理念，把市场作为开展工作的出发点、着力点与立足点。这样的做法，也使茅台在几次行业大调整中，率先突围成功。

总的来说，茅台的"因市而动、依市而行"，是指在保持高质量生产的基础上，将多元化营销方式和企业文化相结合，因时制宜地建立营销场景，满足市场多元化、个性化的消费诉求。

典型代表便是作为茅台文化重要载体的"中国酒文化城"

（简称酒文化城）。自1998年正式对外开放后，酒文化城就通过历代与酒文化相关的建筑的陈列，凸显我国白酒文化和茅台酒文化的演进历程。随着时间的推移，酒文化城内的展示内容也在不断丰富，游客可在其中尽览中外酒类产品"美美与共"的图景。这不仅向世界宣传了中国深厚的白酒文化，也增强了茅台品牌的影响力。

除了营造沉浸式企业文化场景，茅台还创新性地提出多元化的营销方式。在我国白酒行业发展的"黄金十年"里，无数投机者竞相进入白酒行业。在部分酒企以盲目扩大产能、偏离主业为代价追求效益最大化的时候，茅台却坚持"咬定"市场，精攻主业。而在行业发展放缓进入调整期时，茅台率先根据市场情况，以企业和消费者为中心，因时制宜地丰富产品营销的内涵。

坚持"一线精神"

作为茅台"腰部"力量的酱香系列酒，也响应了茅台"以市场为导向提供服务，以市场调研为先锋助力提质增效"的理念。

2014年末，茅台酱香系列酒营销团队从茅台酒销售体系中独立出来，成立了贵州茅台酱香酒营销有限公司（简称酱香酒公司）。在集团"允许三年亏损"的政策支持下，酱香系列酒一改往日的销售颓势，实现量效双收。而其成功"翻身"的背后，除了茅台集团的全力支持，还源于酱香酒公司对市场的敏锐把握。

从成立之初，酱香酒公司的各级人员就将市场调研作为重点工作之一，多次深入市场一线。不论是拥有深厚酒文化的河南、山东，还是"首都圈"内的河北、北京、天津，抑或是北方的黑龙江、吉林、辽宁、内蒙古……均留有酱香酒公司市场调研员的足迹。一趟趟旅程的累积，让公司能够真正听见"一线炮火声"，掌握市场最新动向和营销主动权，努力创造优质的营销环境。

在市场调控方面，酱香酒公司并未实施"一刀切"式无差别调控战略，而是有重点地倾斜。在大量市场调研的基础上，对不同区域的消费者构建不同的需求"画像"，比如哪些区域的消费者喜欢喝酱香酒，是否重点推进？哪些区域有潜力成为酱香酒市场，如何进行培育？怎样挖掘潜在消费群体？据此，酱香酒公司在相应的区域内，选择最具实力的经销商，并根据市场的变化制定相应的转型战略，在市场布局上精准发力，着重攻克有潜力的市场，追求资源效益最大化，以打造出全国性的酱香系列酒品牌。

恰如茅台人所言："哪里好卖就往哪里卖，谁能卖就给谁卖，哪个品种好卖就卖哪种，而不是机械僵化地下计划。"[一]正是因为这样的"一线精神"，酱香酒公司才能够"因市而动，依市而行"，在短短五年内，实现从十亿元年营收到百亿元年营收的跨越。

[一] 摘自搜狐网的《2018年度贵州茅台酱香酒全国经销商联谊会提出——做品质树品牌，让一个欣欣向荣的公司蒸蒸日上》。

全面提升服务

2015年，我国整体由品牌化营销时代，迈入消费升级时代。在宏观背景下，不仅消费者的需求向着质的方向延伸，白酒行业整体也在向高质量发展迈进。以茅台为代表的高端白酒企业，则作为行业中的冲锋力量，在消费需求转型升级的当下，承担着为行业高质量发展探索道路的重任。

高质量的产品与服务，是茅台"因市而动，依市而行"的重要发力点。纯天然酿造技法、复杂特殊的酿造工艺，是茅台一以贯之的底线；从原料到成品酒出厂包装的全流程质量监管，是茅台严格执行的质量保障。茅台的质量定力，是它在激烈的市场竞争中一骑绝尘的保障。茅台酒是业内唯一同时具备"原产地域保护产品""地理标志保护产品""有机食品、绿色食品"标识的产品。茅台还是首批列入国家级非物质文化遗产名录的白酒企业。如此种种，茅台酒当之无愧被冠以"纯天然食品中的顶级珍馐"称号。

在服务上，茅台多次加强对经销商的培训，树立"顾客是上帝"的观念，尽可能地给消费者提供最佳的购物体验。同时，对经销商严格监管，取消违规经销商的经营资格，吸纳具有更强社会洞察力的新经销商，也是茅台提高自身服务运转能力，在服务方面提质增效的积极举措。

在提供优质产品和服务的同时，茅台也在大力倡导理性、健康的饮酒文化，向市场传达"少喝酒，喝好酒"的消费理念。迈入消费升级时代的消费者，不仅追求高质量的产品体验，更追求别具一格的精神满足。这与茅台所推行的健康饮酒方式和习惯不谋而合。

"因市而动，依市而行"的态度，成为茅台提升市场竞争力的有力"武器"。如今，茅台正处于新的战略发展期，如何根据市场变化快速做出决策，最大程度地发挥茅台品牌优势，成为茅台的下一个挑战。

构建一流服务体系

在真正进入市场之前，茅台的发展路径一直以国家计划为导向，遵循国家下达的指令生产茅台酒。因此，茅台与市场之间存在鸿沟，致使茅台无法了解消费者的诉求。

当社会主义市场经济进入纵深发展阶段，茅台也随之卷入市场化浪潮，深入一线倾听市场与消费者的声音变得必要。由此，茅台形成了以市场、消费者为中心的战略布局，并逐步完善市场服务的相关配套体系，踏上市场化发展之路。

以"文化建设暨服务提升年"为主题的战略决策在2018年的茅台年度会议上被再次提及。一流的服务体系，成为茅台着重建设的关键板块之一。对于持续上升的茅台来说，再度提升终端服务质量，能够更精准地把握消费市场走向，通过优质服务为茅台注入灵魂，将品牌形象塑造得更生动立体。

打造优质服务体系，需要茅台真正了解市场偏好，洞悉消费者的需求，并提供行之有效的解决方案。总的来说，茅台优质服务体系的形成，需要从"让消费者买的是正品茅台酒""让消费者买得到茅台酒"，以及"让消费者爱上茅台酒和茅台"三个方向进行攻克，打通供需和服务壁垒。

让消费者买的是正品茅台酒

长久以来，因严苛的生产条件与工艺，茅台酒的产能在一定程度上受限，加之茅台酒拥有强大的品牌效应，逐渐形成以产定销的市场特质。受高利润诱惑，部分不法分子开始仿制茅台酒，并逐步衍生出一条庞大的制假产业链。大量"高仿"茅台酒流向市场，人们无法单纯靠外观、味道等一般条件来鉴别真假。消费者非常关注："哪里才能够买到正品茅台酒，如何辨别茅台酒真假？"

早在二十世纪八九十年代，茅台就已经专门成立打假办，清理市场上日渐猖獗的假酒。当时，打假办的部门人员必须对鉴定茅台酒的知识和方法倒背如流。"一瓶酒在我们面前，要么是真的，要么是假的，绝不允许'好像''可能'这样的词语出现在鉴定过程中。"一位茅台资深的打假员工说。

除了打假业务能力过硬，打假办人员还得赶赴全国各地的白酒市场，配合当地执法部门开展打假工作。"一年365天，我们基本上有300天都在市场上跑着。"他们不仅要对销售终端市场进行抽查，更要重点打击一些假茅台酒制假售假的源头和渠道。其他部门的员工形容打假办人员："只要他们在街上看到卖酒的商店，就会进去看看，而且他们的鞋子不到半年就会走破。"

制假售假背后的利润惊人，随着一干假酒案被侦破，不法分子的利益链条被迫中断，冲在打假一线的员工很容易面临人身威胁。如今，相关法律法规不断健全，这一情况有所好转。

除了拥有一支强大的打假队伍，茅台还将多重防伪、科技追溯引入产品当中。早在1998年，茅台就已经引进了美国的一种防伪技术——在包装上印刷隐形图案。消费者在购买茅台酒时，可根据茅台提供的防伪说明，对酒进行真假鉴定。直至如今，茅台每年都会在防伪打假方面投入巨资，将打假作为重点工作推进。目前，已在全国多地开设茅台酒免费鉴定服务中心，茅台官网也设有打假维权的页面，消费者可查看31个省（直辖市、自治区）的打假维权电话，进行产品查询和打假维权。

2016年，茅台开始将区块链技术引入茅台正品防伪溯源中。一瓶茅台酒从诞生之际开始，其生产、加工、包装、运输等环节的信息都被记录在区块链上，消费者只需通过手机扫描相关图案，即可获得这瓶茅台酒的全流程信息。这在很大程度上打击了制假售假行为，既维护了消费者的权益，又优化了消费者的购物体验。

让消费者买得到茅台酒

茅台不断加强购买端服务建设，让消费者买得到茅台酒。

节假日是白酒的销售旺季。由于茅台酒的稀缺性，节假日前后想买到每瓶1499元的茅台酒往往会更加困难，甚至会出现抢不到、买不到的情况。"想而不得"不仅使消费者的购物体验大打折扣，还会在一定程度上损害茅台的品牌形象。

2019年，为改善以往节假日茅台酒"一瓶难求"的局面，茅台将"文化、服务"两大主题贯彻至茅台酒的销售过程中，以保障茅台酒市场供应量充足。春节前夕，茅台向市场投放了7500吨茅台酒，让消费者在大小经销商店铺内基本都能购买到茅台酒，使得消费者明显感受到茅台酒供应量的提高。北京的一位茅台酒经销商说："往年受供应量的限制，春节前一个月大概一天卖二三十箱，今年（同期）一天大概能卖三四十箱。"㊀

增加供应量只是一方面，2019年春节期间茅台还着力打造"速度快"与"价格稳"的优势，以增强消费者的购物体验。

以前经销商缺货时，往往需等待很长一段时间才能够拿到补货的茅台酒。2019年春节经销商在网上下单后，仅需等待两三天就可到拿到茅台酒。随着茅台酒直营渠道的大范围开辟，消费者也能通过官方直营渠道以每瓶1499元的价格买到茅台酒。

在服务上大范围的优化改进，使消费者的满意度大幅度提高。"今年也是来碰碰运气，没想到第一次来就能买到，价格也确实是1499元，感觉没有网上说得那么难买，购物环境也好，

㊀ 摘自百度百家号的《多措并举茅台力求消费者节日舒心购物》。

接待也热情，以后有需求肯定还会来这里。"○

茅台希望，即使在有限的范围内，自身也能够从源头发力，在一定程度上改善消费市场的购销落差，让更多消费者能够买到茅台酒。

2022年3月31日，贵州茅台自营电商平台"i茅台"上线。通过该平台，消费者可以预约申购茅台1935、茅台壬寅虎年生肖酒、贵州茅台酒（珍品）、飞天53度100ml贵州茅台酒等产品，价格从218元到4599元不等。上线仅三个月时间，"i茅台"的全国注册人数超千万，酒类产品累计销售1232吨，营收突破45亿元。这一创新举措不仅满足了消费者需求，而且推动了贵州茅台的营销体制改革。

要做到"让消费者买得到茅台酒"，不仅需要在经销商层面优化服务，还要在茅台酒销售渠道方面进行优化——对经销商、直营店、电商等渠道进行比例调整，打造立体营销格局，集中精力做好市场服务，巩固市场基础，提高消费者的满意度。

根据贵州茅台发布的年度报告显示，贵州茅台2021年实现营业收入1061.9亿元，同比增长11.9%；○其中直营渠道的营收占比巨大。如此耀眼的成绩，正是得益于茅台销售渠道的巩固、拓宽。

○ 摘自百度百家号的《多措并举茅台力求消费者节日舒心购物》。

○ 摘自新浪财经的《贵州茅台：贵州茅台2021年年度报告》。

直营渠道的扩充建设，是茅台构建一流服务体系的重要一环，直营渠道的完善成熟，对茅台实现营销扁平化具有重要意义——减少中间环节，平衡利益分配，平抑终端价格。因此，直营渠道将成为茅台调节市场价格、规划产品投放比例的关键调节器，能够使茅台在市场上掌握更多主动权。

让消费者买得到茅台酒的另一层意思是，让消费者买得起茅台酒。茅台酒的市场零售价与指导价之间存在较大差距，这让许多消费者望而止步。为此，茅台一直将稳价放在服务建设的重要位置。

2021年8月，茅台酒销售有限公司组织团队主力，开展了一场围绕"稳价稳市，推进营销创新"的特殊培训。此次培训中提及："目前，茅台最重要的工作就是稳价，任何人都没有讨价还价的余地。在销售一线的部门和队伍，必须在重大事件节点之前，做好谋划部署，将产品投放量和销售量的比重、数额，精准纳入价格防控范畴，全力保障茅台酒价格稳、市场稳、队伍稳和渠道稳。"

让消费者爱上茅台酒和茅台

茅台需做好的另一项工作，是销售端服务质量的提升，这也是构建一流服务体系中的"让消费者爱上茅台酒和茅台"的关键。毕竟，长期处于卖方市场并不意味着茅台可以高枕无忧，可以坐等买家上门买货。

在终端销售领域，增强销售队伍的服务意识，是茅台严抓严管的第一个方面。针对部分员工服务意识淡薄、服务效率低等问题，茅台在加强员工企业文化培训和奖惩机制调整的基础上，建立起客户定期调查机制，从客户对产品服务的满意度、忠诚度、品牌美誉度等多个层面展开调研，定期集中征集客户诉求，建立起对服务改进过程的持续关注和审查体系。

在经销商层面，茅台旗下的酱香酒公司，在业内创新式采用"甲乙双方互换"的服务模式。酱香酒公司在与经销商签订合同时，一概将大、小经销商置于甲方主导位，将自己置于乙方服务位，这一竞合发展的服务理念，不仅体现在合同上，更体现在双方的实际合作中。

在白酒厂家与经销商合作对接时，有一条业内默认的合作规则：厂家滞压为经销商配给的货量支持费用，促使经销商保持从酒厂的拿货量，以保证白酒厂家产品的出货量。这一举措变相地将经销商与白酒厂家绑在一起，形成循环效应。

酱香酒公司并未强行与经销商进行"绑定"，在货量支持费用上，也给予了经销商充分的自主决定权。酱香系列酒的经销商们，在根据厂家要求开展经销工作后，既能够将厂家配给的这一笔款项提款取现，也能将其作为下次提货的货款自行支配，不与后续合作产生任何连带关系。酱香系列酒公司以服务方的姿态与经销商缔结诚信合作的关系，不仅有利于双方的健康可持续合作，还能够在市场上形成良好的销售服务氛围。

酱香酒公司对经销商的关怀，也体现在其他方面。每年年

末行业总结大会期间，酱香酒公司都会专门组织大巴车，将同时经营多种品牌的川酒的经销商们送往四川，避免经销商们在两地匆忙奔波。

2021年1月，一支由茅台酒销售公司组建而成的"市场服务先锋队"奔赴茅台销售市场一线，协助茅台旗下各自营公司完成销售服务工作。这支拥有20名业务骨干和党员的"先锋队"，将成为茅台集团在各个旗下公司的"枢纽齿轮"，在切实提升茅台服务质量、牢固树立员工服务意识，以及优化提升购物体验等方面发挥巨大价值。

在满足市场需求，履行好"服务者"职责的同时，茅台也凭借自身的巨大体量，逐渐营造以市场需求为主要导向的行业氛围。茅台助力行业改善服务观念、创新服务方式和产品类型，引导白酒行业建立起一套完整的服务体系，在使消费者和整个市场的意愿得到充分尊重的同时，自身权益也能得到有效保护。基于此，还可助推行业服务效率和质量的有效提高。

茅台文化：一以贯之的精神旗帜

茅台将文化提升到战略高度，肯定文化在战略引领、品牌建设、企业管理等各方面的作用。因此，茅台持续挖掘文化宝藏，形成了丰富的文化资源库，并赋予其新时代的意义。在企业内部，茅台文化影响茅台人，让人们能够同心同向，为发展企业、贡献社会力量而努力奋斗。从国内到国外，茅台持续讲好茅台故事，将中国白酒文化传播到更广阔的天地，让世界上更多的人了解中国白酒，爱上中国白酒。

"富有"文化和"赋予"文化

实力强劲的茅台企业品牌飞速崛起，昭示着茅台背后蕴藏的文化崛起。以茅台品牌为样本来剖析，它的身上既有"古板"的稳健，也有包容和纳新的"跳脱"，茅台不仅是一个遵循四时的"酒匠"，还是一个嗅觉敏锐的"商界行家"。

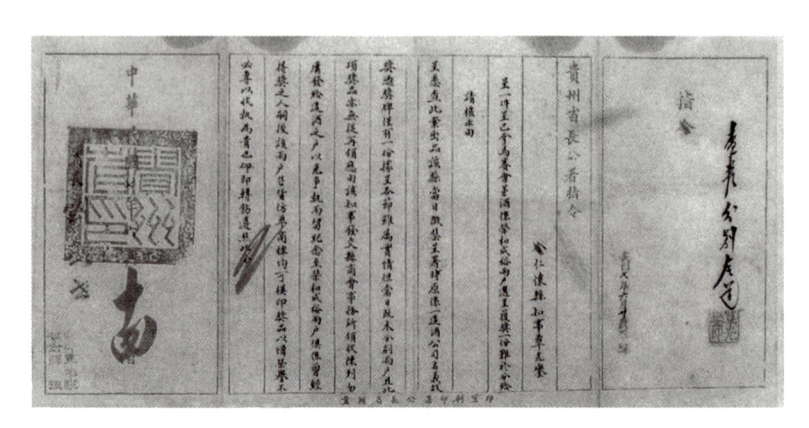

1918年6月，贵州省长公署对茅台酒获巴拿马万国博览会金奖归属的裁决书

文化是茅台的核心竞争力之一。茅台文化有其独特性，它既包含横贯千年的茅台酒文化、集酱酒之大成的地缘文化，还包含具有重要历史意义的红色文化等。

集成式的"富有"文化

茅台文化是一种集成式的"包容文化"，源远流长的历史文化就是其重要组成之一。始自秦汉的茅台酒，其技艺成熟于唐宋，直至明清酿造技艺突破高峰。随着酒坊聚合，三坊合一成立贵州茅台酒厂，茅台酒的历史拥有了全新的起点，成为民族品牌的重要标志。随着品牌文化力的逐渐鼎盛，茅台文化将拥有广阔的发展空间。

得天独厚的地缘文化是茅台"富有"文化的构成部分之一。茅台镇地处贵州省北部，仁怀市城西，赤水河畔东侧。这里古时曾是川盐入黔、水陆相接的枢纽，现今是近六成以上

茅台酒获1915年巴拿马万国博览会金奖的奖章

中国酱香型白酒的核心原产地,被称为中国酱香型白酒的黄金产区和最大的"酒窖"之一。这里拥有一众中国酱酒的头部企业,其中以茅台的品牌声势、经济效益最突出。独特的酿造环境造就了现在的茅台,而不断缔造奇迹的茅台也在从赤水河畔汲取"养分"的同时,反哺赤水河水土。

与国家同向发展的红色文化,亦是茅台的"富有"文化中不可缺少的部分之一。自中华人民共和国成立以来,茅台酒活跃在国家外事层面,担任友谊使者,见证了中国在世界舞台上的步伐,逐渐走向世界舞台中心的发展历程。茅台天生就具备浓厚的民族情结,不论是在其发展路径、产品矩阵上,还是在其品牌宣传上,都能发现厚重的民族文化。

"富有"文化是茅台所具备的天然优势,但这也要求企业足够优秀,能够承接丰富的文化内涵,并持续不断地将其发扬光大。

几十年来,茅台获得的中外奖项已逾百项,从率先在业内

采用"大单品"发展战略模式,掀起酱香型白酒热潮,再到获得国际产品名誉认证、国内数项优质企业荣誉勋章……诸多事实都证明了茅台的优秀和强大。也正因此,它才能够包容更多元的文化,不断焕发活力。

拥有丰富的文化资源,且善于挖掘,以文化叙事来赋予企业文化新价值,是茅台的另一个优势。这并不是一种"拿来主义",而是在自身厚重文化的基础上,以创新的方式解读和丰富企业文化。在企业、产品、市场和消费者之间,茅台架设了一座文化认同的桥梁。同时,茅台发挥先锋作用,在世界舞台上展现中华文化和民族品牌自信。

赋予文化新内涵

茅台在"富有"文化的基础上,再次赋予文化对象更深刻的内涵。在诸多创新且形象的案例中,最典型的是茅台荣获巴拿马金奖的文化叙事宣传。

1915年,美国旧金山巴拿马万国博览会上,茅台酒经贵州省举荐,作为"赴赛展品"送展博览会。这一场万国博览会,是截至当时展览时间最长、参会人数最多的博览会之一。

在参展的九个半月中,茅台酒因包装简陋,混在一堆棉、麻等农业产品中,并未引起品酒专家的关注。眼看博览会即将闭幕,一位中国代表急中生智,将茅台酒拿到展厅最热闹的区域,假装不经意将其摔落。

正是这一摔,让茅台酒的香味溢满会场,其独有的品质风味,使茅台从参展的20多万件展品中脱颖而出。茅台酒不仅在展览期间引发轰动效应,更被一致推选为世界名酒,一举夺得博览会烈酒展品金奖奖项,成为在博览会上获奖的名酒中,享有"世界名酒"美誉的名酒。

1915年,《申报》报道巴拿马万国博览会新闻时,对茅台酒大加褒奖。《续遵义府志》上明确记载茅台酒获金奖。《巴拿马万国博览会会刊》和《旧金山报》都对贵州茅台酒、张裕葡萄酒等荣获金奖的中国酒给予了极高评价。

获得巴拿马万国博览会金奖后,茅台于1916年巴拿马万国博览会上,再次无可争议地荣获金奖。

在旧金山荣获金奖,是茅台向世界迈进的第一步。

2015年,距茅台首次获得金奖已逾百年,茅台重抵旧金山,前往旧时荣获金奖的场地,举办"茅台金奖百年"庆典。在这场庆典上,旧金山市长当众宣布,即日起以每年的11月12日为"贵州茅台日"。这不仅是茅台殊荣的百年见证,也是旧金山政府给予茅台最真切的认同。

此后,茅台再次拓展思路,在百年金奖纪念之期,以"香飘世界百年,相伴民族复兴"为主题,在世界各地重要城市,开展茅台百年纪念活动,为茅台原有文化赋予了更丰富的内涵。

在白酒产品塑造方面,茅台推出"茅台日"纪念款白酒系

列，该系列一共5套，以大容量2.5L作为特点进行售卖。这款产品的包装上，印制有百年前茅台荣获金奖和旧金山城市的老照片，用以进行企业文化宣传，并告诫茅台后继者要始终坚守初心、砥砺前行。另外，茅台推出特色酱香包装，极大地满足了消费者的收藏需求。

这只是茅台赋予文化新内涵的表现之一。在发展体系中，茅台不仅是一个结构稳固、层次清晰的综合聚集体，也是古朴工艺和精研技术的结合体，在此基础上，还有着更浑厚的文化底蕴和人文情怀。用心讲好故事的茅台，运用文化的"富"和"赋"两端，构建出更宏大、浑厚的茅台文化体系。

茅台的文化战略

从马斯洛需求理论的角度来说，当物质生活水平到达一定程度后，人们将更加注重精神需求。当下文化行业欣欣向荣，影视娱乐消费在国民消费中的占比逐年递增，便是印证。

从"一穷二白"到摆脱贫困，再到生活水平更高后，人们开始研究酒文化，产生"诗和远方"等更高层次的精神需求，同样印证了马斯洛需求理论。

如今，正是精神文化需求迅猛的时代。在大力发展文化方面，茅台自成一套结构清晰的逻辑体系——用文化叙事打造文化品牌，以茅台文化为起点打造文化茅台，缔造一套完整运转的精神文化体系。作为中国白酒行业的领军企业，茅台通过文化叙事的方式，使茅台文化向文化茅台的方向进行转变。

2017年末，一个在茅台企业系统内部诞生的战略概念，在连续两年多的时间里频繁"露脸"，一度成为热词，这就是茅台的重要战略——"文化茅台"。

首先，在新一轮市场风潮到来前，茅台要抓紧机遇、发挥优势、再启新局，势必需要诸多准备。其次，茅台在持续保持上行的同时，也必须保持清晰、理性的判断，拨开局势迷雾，才能降低"灰犀牛"和"黑天鹅"的影响。最后，大众消费需求更新迭代快，加大企业自身的精神文明建设，成为把握新机遇的应行之义。于是，茅台基于优良的产品质量和品牌美誉，适时提出了"文化茅台"战略。

茅台以战略为原点，向整个企业系统辐射，从企业精神文化出发，对企业精神和使命、经营理念、人才理念、决策理念等多个方面加以指导。

首先，通过"文化茅台"战略为企业增添崭新的发展动力。在企业治理、价值认同、消费体验和品牌赋能等方面持续发力，茅台以国际服务水平为参照系，将自身打造成能够满足人民对美好生活向往的需求且独具魅力的民族品牌，有力推动企业进入世界高端阵营。

其次，在优秀品牌、品质的基础上，保持理性的头脑，主动走出舒适区，巩固企业的增长优势，持续朝着高质量发展迈进。

最后，努力为"中国制造"做贡献。茅台正向世界500强企业进军，构筑一套以文化为外延的商业文明结构，形成新时代的企业特质，打造风格明显、价值丰富的"茅台样本"，为中国制造、创造并输出更好的产品和更优秀的文化。

从实践来讲，开展一系列以宣扬企业文化为主旨的品牌活动，推动"文化茅台"和"茅台文化"走入千家万户，是茅台在文化战略上的尝试之一。

2019年9月，茅台集团旗下的"文化茅台宣讲团"正式成立，[一]由以茅台为中心的内外部员工、上下游相关方和消费者等数个群体组成。宣讲团针对茅台发展过程、历史性成就和重大变革进行主题宣讲，切实传达"文化塑造当下，而茅台人缔造文化，最终受用于文化"的价值理念。

除了向外进行企业文化输送，茅台对工匠精神的打造，也是建设文化茅台的典型实践之一。2021年4月，茅台集团终身名誉酿造大师认聘仪式盛大开幕，[二]在这场极高规格的任命仪式中，茅台首位终身名誉酿造大师严钢被授奖表彰。这样高的礼遇，是对工匠们灌注毕生心力在茅台事业上的肯定，也是对茅台以奋斗为本、树立工匠文化、打造茅台工匠的深度诠释。

重阳祭酒作为赤水河畔的遗俗流传至今，也是另一种形式

[一] 摘自百度百家号的《抓好"文化茅台"建设着力提升企业软实力——"文化茅台宣讲团"启动仪式暨首次宣讲活动正式举行》。

[二] 摘自茅台集团官网的《茅台首席酿造师严钢光荣退休授予"终身名誉酿造大师"称号》。

上对茅台匠心文化的传承。每年农历九月初九,茅台集团都会在赤水河畔举办"茅台酒节祭祀大典",这寓示着新一辈茅台人将谨奉先贤们的教诲和工艺传统,也预示着新一轮茅台酒的生产即将开始。在这场一年一度的盛会上,茅台高层、员工代表及特邀嘉宾等上千人都将共同参与祭祀活动,传递茅台酿酒人的精神信仰。

在2021年茅台建厂七十周年之际,茅台集团董事长丁雄军在"五线发展道路"中,明确用"紫线发展"指代茅台文化建设。茅台聚焦企业自身的品牌定位,将茅台文化内涵再次具象延伸,涉及"人""文""史""物""艺""礼""节""和""器"等九个系列。

这是从另一个角度为茅台后千亿时代的发展强势赋能。多视野、广格局的解析,丰富了茅台文化内涵,自内而外地形成了茅台文化聚合力,将为高质量发展提供源源不断的内在动力。

同时,这一理论也有助于茅台建立自信,以在高质量和可持续发展中保持迅猛势头,在行业内掀起竞合浪潮。不仅如此,它还有助于茅台打造一张含金量极高的中国白酒名片,向世界讲述中国白酒故事,为中国传统制造业提供全球参照样本。

以文化为载体叙事

"以文化物"是茅台历经数次产业周期调整后,依然能够立

于不败之地的重要武器。多年来,通过发挥文化的作用,茅台持续保持企业营收和品牌影响力的提高,迅速把握消费升级趋势,实现了品牌知名度、美誉度的提升。

茅台以文化为载体的叙事方式,在"以文化物"的茅台品牌文化塑造中,发挥着举足轻重的作用。茅台文化叙事的方式丰富多样,从茅台内部系统到外部市场环境的塑造,再衍生至跨领域的文旅、扶助事业,全方位多格局的文化叙事模式,持续为茅台品牌注入生机活力。

"以文化物"的茅台产品叙事

将具有特定含义的文化符号融入具体产品中,打造一种全新的产品套系,是茅台进行文化叙事的常用方式之一。比如,按照文化类型,我们可以将茅台酒划分为茅台大事件酒、茅台常规酒和茅台系列酒等类型。[一]这些酒类身上具备明显的文化痕迹。

以重要时间节点进行排序,茅台大事件酒包括:2008年推出的水立方酒、鸟巢酒,2009年推出的开国盛世茅台酒和澳门回归十周年纪念酒,2010年推出的茅台世博纪念酒,2012年推出的首艘航空母舰纪念酒;2014年推出的茅台金奖百年年份酒珍藏套装,2017年推出的"一带一路峰会"纪念酒等多种白酒

[一] 陈诗江. 产品创新:向茅台学习"塔尖战略"[J]. 销售与市场(管理版),2018(8).

单品。[一]

茅台推出的大事件酒均选取具有极高纪念价值的元素与茅台酒结合,最后形成新品。此举巧妙地将历史"装"进酒瓶里。随时光更迭,极具文化内涵的酒,将酝酿出更醇厚的品质。

与此同时,茅台还以固定主题为中心,同时融入中国传统文化,推出了诸多单品或系列产品。此举可在原有产品价值的基础上,再度赋予其更深厚的文化底蕴。该类型产品包括茅台生肖酒系列、茅台国画大家套装系列、致敬一代名将珍藏白酒、中国国家博物馆酒、孔子纪念酒、茅台孝道酒等多种品类。

下面以茅台生肖酒和茅台金奖百年56个民族纪念版这两款茅台"文化叙事"产品酒进行论证。

前者是茅台产品酒中的经典系列产品。自2014年面世以来,以限量发售的方式推出了8款生肖酒。这一套文化系列酒在原有包装的基础上,融入了十二生肖、五行文化和国画书法等传统艺术元素。由多种元素融合而成的茅台生肖酒,在满足消费者的饮用品鉴需求外,还满足了消费者更高层次的收藏、馈赠和投资需求,符合茅台"以文化物""文化叙事"的发展逻辑,通过文化赋值产品,打造企业品牌文化。

后者则是茅台在纪念荣获巴拿马金奖百年之际,推出的以"民族情,中国梦"为主题的大事件酒。56瓶同一主题不同包

[一] 陈诗江. 产品创新:向茅台学习"塔尖战略"[J]. 销售与市场(管理版), 2018(8).

装的产品，构成一整套大事件纪念酒，不同的酒瓶包装上有着不同的民族典型元素。值得一提的是，包装一改原先的平面呈现，从瓶盖到瓶身全部采用立体浮雕、镂空等工艺进行异形设计。与生肖系列酒一样，该系列也通过限量的方式发售，整套的市场零售价在30万元以上，其单品市价远高于同类型同规格的茅台酒。○

"兼收并蓄"的茅台文化视野

茅台的文化叙事战略并不局限于讲述历史，而是跟随大环境主动变化，延展到文旅、影视、主题活动等多个方面。

坐落在茅台镇的中国酒文化城，就是茅台在文旅方面打造的经典项目之一，它在茅台的企业文化和产品宣传上发挥着重要作用。另外，茅台还斥巨资大幅度改善茅台镇的旅游设施，助力当地文旅产业发展。

大力进行企业文化创作，与各种形式的文化跨界联动，也是茅台采取"以文化物"进行文化叙事的方式之一。

在文化读本的宣传、编辑、出版等方面，茅台曾主导编撰《独步酒林》《大国酒魂》《茅台酒收藏大典》《红色茅台》及"国酒茅台文化丛书"等茅台文化相关读物，用于进行企业文化深度挖掘和宣传。

○ 陈诗江. 产品创新：向茅台学习"塔尖战略"[J]. 销售与市场（管理版），2018(8).

充分发挥媒体宣传作用,是茅台进行文化叙事的策略之一。茅台与凤凰卫视、《人民文学》《小说选刊》等头部媒体合作,持续开展品牌宣传,进行企业文化推介。此外,在生态文明贵阳会议、博鳌亚洲论坛等区域大型会议和国内外大型体育赛事中,也能看到茅台品牌活跃的身影。

"茅台为您报时"曾是一代人共同的回忆。作为率先在荧幕上获得品牌宣传阵地的白酒企业之一,茅台一直秉持着这一传统。例如,2014年,茅台与央视六套电影频道联合举办以"茅台里的中国故事"为主题的剧情短片创作竞赛,在青年导演界中选拔人才,助力中国电影发展。㈠

另外,茅台还依照真实发展历程,出资拍摄长篇电视连续剧《酒河传奇》。除此之外,在大型电视纪录片、大型诗舞情景剧等领域,茅台也有所涉猎,前后主导出品纪录片《百年茅台》《大国之酿》、大型影像歌舞诗《天香》等作品,受到业内外的广泛好评。

在消费市场上,"茅粉节"的举办不仅是茅台进行文化叙事的重要方式之一,也是茅台建设企业"文化基站"的成功尝试。

2013年11月,茅台集团相继在国内一线城市举行线下粉丝团活动。2017年,以"茅粉"为核心的文化交流平台成功搭建,第一届全球"茅粉节"应运而生。而举办"茅粉节"的初衷,是在发展茅台文化力的基础上,推动茅台向"酒香、风正、人

㈠ 摘自佳酿网的《贵州茅台:"十二五"规划成果盘点》。

和"的方向深入拓展。[一]此外，茅台还通过一年一度的茅台文化交流盛会，以文化为桥梁，在拉动内需的同时，为外部增长提供持续的动力。

茅台善于挖掘自身文化特质，通过对内、对外持之以恒的品牌文化塑造，助力产品持续热销。

茅台文化走向国际

厚重的文化底蕴是讲好茅台故事的重要基石。茅台在发展过程中，不断赋予茅台文化更深层次的价值，始终致力于发扬茅台文化和精神。时至今日，茅台已经建设了一套成体系的中国白酒文化，阐释了中国白酒文化的"来处"和"去向"，并打造出具有一定辨识度的"中国白酒"文化名片。

"赋予文化的目的就是成为文化"的理念，是茅台在成长过程中逐渐摸索、打磨而成的。企业发展到一定阶段，需要思考如何提升品牌美誉度和文化内涵，如何更好地服务消费市场，在消费者群体中树立良好的价值导向。茅台也不例外，而想要达成上述目标，就要持续丰富和升级文化和精神价值。

事实上，打造精神文化符号和提升用户体验，是一个企业必须思考的核心问题，这一点在白酒行业中体现得尤为明显。

[一] 摘自搜狐网的《茅粉节｜凝聚全球"茅粉"力量，深度打造"文化茅台"！》。

茅台就尤其擅长利用重大历史节点、重要会议、赛事等举办宣传活动，在社会交往中借力人文关怀不断提升自身品牌价值，强化品牌文化内涵。

在不断发展的过程中，茅台培育出了更宏观的全局视野。作为中国白酒行业中的现象级企业，茅台在当下进入全新发展格局的同时，也将目光聚焦于国际市场。值得一提的是，在走向世界舞台的过程中，茅台像个虔诚的布道者，始终致力于发扬中国优秀文化。上千年的中华优秀文化，又为茅台提供了丰厚的文化土壤。茅台希望，凭借杰出的文化、产品表现，获得海外市场广泛的认可和信赖，将自身打造成世界级的白酒品牌。

茅台曾明确阐释在海外传播茅台文化的意义，即打造以茅台为中心的中华酒文化符号，在世界范围内展示中华民族品牌面貌，助推中国白酒文化真正走出去。

实际上，早在2015年，茅台品牌推介活动就已经遍及亚洲、美洲、大洋洲等世界范围内的主要大洲。以茅台旗下的海外经销商为桥梁，茅台通过茅台酒品鉴会、海外重大活动赞助，以及积极开办和参加相关展览和品牌推介会等方式，以年均260次以上的频率进行文化推广，持续向海外市场传播中国白酒文化，对茅台推进国际品牌化战略产生了积极作用。㊀

截至2019年，茅台品牌的文化推介项目已经遍及世界各地。在世界五大洲范围内的67个国家和地区，海外经销商队伍

㊀ 摘自百度百家号的《"文化茅台"海外传播探析》。

已经扩充至115家，配套的海外销售布局和渠道网络架设也已经基本完成。

在持续向好的海外文化传播态势下，茅台意识到，引导海外市场更大程度认同中国白酒品牌文化，是在国际市场获得长足发展的关键。对于茅台而言，仍然需要切实考虑海外市场的文化背景和对白酒的饮用习惯。唯有打破国际文化壁垒，才能引起文化共鸣。

这当中的典型尝试之一，是茅台通过Facebook、Twitter、YouTube等海外新媒体平台，对茅台进行一系列的国际推广。比如，2020年初，茅台通过海外新媒体平台发布了与中国春节有关的创意帖文，向海外粉丝传递中国文化，一起感受春节的浓厚氛围。不仅如此，茅台还将"俄罗斯方块"的游戏元素与茅台酒瓶相结合，制作了一条创意视频，由此体现茅台的辉煌是点滴积累而成的。这些有意义的尝试，不仅提升了茅台的美誉力和国际影响力，还为外国友人了解中国文化打开通路。截至2022年4月，茅台海外各社交媒体主页总粉丝量超过205万，日均粉丝增长量超过1000人，日均互动量达到1.1万次，全球累计曝光量超10亿次。[一]

此外，茅台在培养海外消费者的白酒饮用习惯上，也获得了阶段性成果。2021年6月，世界范围内首本俄罗斯鸡尾酒专

[一] 摘自茅台国际公众号的《坚定不移走好紫线发展道路，以文化为品牌全球化赋能》。

业教材正式出版。茅台俄罗斯经销商MERLIN LLC作为该教材的出版成员之一，在书中分享了茅台文化。随着各种文化活动的开展，茅台与国际烈酒市场的关系将愈加紧密。[一]

茅台致力于从不同层面和角度丰富企业文化，并赋予其更多价值底蕴。茅台希望，通过打造强聚合的民族名酒企业文化群，推动中国白酒企业从品牌传播向文化传播的方向升级，为未来发展开辟新局面。

[一] 摘自百度百家号的《茅台被纳入俄罗斯鸡尾酒教科书》。

04

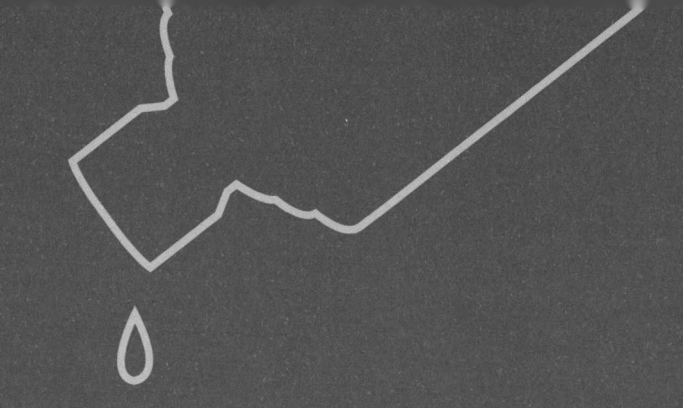

寻找未来的确定性

当今世界正在经历百年未有之大变局。在这种环境中，中国提出加快形成以国内大循环为主体、国内国际双循环相互促进的新发展格局。

在以内循环为主体、内外循环相互促进的背景下，面对后疫情时代的"十四五"，茅台如何在下一轮经济变革中保持定力是一个值得研究的课题。同时，当茅台置身于新的经济环境中时，又将如何利用定力抵抗风险、履行企业社会责任也值得期待。

新发展格局下的茅台

内循环下看茅台

新冠肺炎疫情让全球产业链频频断裂，各国经济发展被限速，各种不确定因素增加，经济全球化遭遇逆流，在这样严峻的经济形势下，中国同样面临着前所未有的变局。

1978年，改革开放打开了中国与世界对话的通道，"引进来"和"走出去"的发展战略让中国的社会经济发展取得了举世瞩目的成就。同时，中国也在互利共赢的状态下积极反哺世界，推动全球经济共同体的高速发展。如今，在愈加复杂的外部环境中，中国依然积极迎接挑战，承担大国责任。

我国人口众多，多年经济持续发展大幅改善了人民生活水平，消费市场潜力巨大，需求拉动势能增加。2020年5月14日，中共中央政治局常务委员会会议指出，要深化供给侧结构性改革，充分发挥我国超大规模市场优势和内需潜力，构建国内国际双循环相互促进的新发展格局。

落实该部署,对于我国白酒行业来说既是机遇也是挑战。

在机遇方面,在新冠肺炎疫情和经济形势的影响下,我国白酒市场的发展依然相对稳定。这得益于中国酒类市场消费者黏性高且消费频次稳定,白酒在酒类消费中始终占据主导地位。与一些典型的外贸企业相比,白酒企业的出口占比在整个外贸体系中并不高,它们的大市场在国内。因此,加快经济内循环发展格局的建立,有利于拉动白酒行业的市场内需。国内销售市场的稳固为我国白酒行业在新经济格局下的发展提供了支持,使其可以保持稳定向好的状态。茅台在国内的市场已十分成熟,这为其在新经济格局下的稳健发展提供了动力支持。

同时,随着经济新常态下国家供给侧结构性改革的深入推进,我国由高速发展转向高质量发展,大众市场的消费结构迭代升级,对产品品质提出了更高的要求。需求升级让高品质白酒更受消费者青睐,为我国高端、次高端白酒市场创造了蓝海。在企业品牌和营销布局等方面占据优势的龙头企业能够率先抢占市场先机,享受内循环发展带来的巨大红利。茅台坚持"酿造高品质生活",拥有强大的品牌影响力基础,更将在新的经济格局下开辟更广的消费市场。

机遇下潜藏的挑战也不容小觑。我国白酒市场绝大多数集中在国内,即便市场潜力大,也需要警惕"天花板效应"。在高质量发展格局下,未来国内白酒市场上的博弈将是名酒之间的博弈。如何在强强相争的市场中占据更多市场份额,成为各名酒企业必须思考的问题。宜宾五粮液、泸州老窖等老牌强势酒企纷纷蓄力向前，与茅台之间的竞争不可避免。

再者，年轻人逐渐成为互联网的消费主力，老牌名酒如何走进年轻人的心也是各酒企必须考虑的问题。根据调查，在消费人数和消费水平方面，"90后"的市场潜力持续增长，多元化、个性化、品质化成为年轻群体的消费倾向。当下，我国白酒行业与年轻消费群体之间的壁垒还有待消除，尤其是老牌名酒企业还需调整针对这类消费群体的营销方式。

市面上，"江小白"等符合年轻人消费倾向的白酒品类正在崛起，并在一定程度上瓜分了白酒市场。作为我国白酒行业的代表，茅台有义务在新格局下找到与时俱进的营销方式，深入年轻消费圈层，将市场的蛋糕做大，引领白酒行业在国内国际双循环相互促进的新发展格局中探索前行。

谈及国家经济发展新格局，茅台集团管理层非常有信心："以国内大循环为主体、国内国际双循环相互促进的新发展格局，既是与时俱进提升我国经济发展水平的战略抉择，也是塑造我国经济合作和竞争新优势的战略抉择。未来以扩大内需为战略试点，拥有14亿多人口的中国市场，必将释放出更强大的发展势能。无论生产、分配还是流通、消费等环节，都将释放出越来越多的新利好和新机遇。"

全球化给茅台带来什么

15世纪哥伦布的地理大发现，拉开了经济全球化的序幕。

自此，全球的商品与原材料的供求关系突破了地域限制，分散的世界市场逐渐连接成片，世界经济也逐渐走向了繁荣。

经济全球化是无法阻挡的激流。中国将顺应大势、结合国情融入经济全球化，让我国"引进来"和"走出去"的战略向纵深发展。与西方国家相比，我国现代化建设起步较晚，经济全球化的确给我国带来了许多新鲜、先进的事物。例如，对中国企业来讲，可以吸收西方企业的先进管理知识与理念，逐渐形成现代化的管理体系。而茅台，又从经济全球化中得到了什么？

在外界看来，如今茅台年营收超过千亿元，市值也突破万亿元，稳坐世界三大烈酒宝座之一，拥有诸多优势资源和丰厚的资本，但为何茅台依然要想、要试、要闯？

得益于全球化的迅猛发展，茅台能够扩大企业视角，参考世界一流企业的发展逻辑。茅台在向它们学习、借鉴的同时找到了自身的差异化竞争优势，避免了走向毫无意义的同质化竞争，持续努力使自己成为世界一流企业。

寻找业内对手，是茅台对标世界一流企业的首个关键节点。茅台看向全球，它的首选目标是帝亚吉欧、保乐力加等在全球范围内具有超级影响力的酒业巨头。

帝亚吉欧作为全球最大的洋酒公司，拥有各类蒸馏酒、葡萄酒、啤酒品牌，连分支品牌也超过200个。不论是以尊尼获加为代表的威士忌系列，还是以斯米诺、坎特一号为代表的伏特加系列，都是业界鼎鼎有名的"大单品"系列。在全球100个知名酒类品牌中，帝亚吉欧依靠强势的品牌打造力将旗下14个品牌推上榜单。与之相比，茅台在分支品牌梳理和打造方面有待提升，旗下子公司为茅台创造经济效益和市场影响力的品牌比重也有待提高。帝亚吉欧的品牌打造逻辑，正是茅台需要挖掘的内容。

除了品牌经营与管理，帝亚吉欧在创新、产品市场、渠道模式等方面的理念和战略也能够给茅台带来更多的深度思考和模式借鉴。

从"优中取优，强中谋强"的宏观角度来说，这又何尝不是一种茅台定力的展现。在经济全球化背景下，茅台不只引进国际先进体系，也正在积极实行"走出去"战略。

早在1915年巴拿马万国博览会上，一瓶香气四溢的茅台酒就引起了世界各国的注意。这个"不起眼"的东方古国竟可以酿造出这样的好酒，甚至比先进国家生产的酒品质还好。20世纪50年代，茅台酒作为中国酿造过程最为复杂精细的白酒之一，多次出现在我国重大的外交场合上。当时中国正处于物资匮乏的年代，茅台凭借茅台酒良好的国际声誉，多次创汇。

而随着经济全球化大门的敞开，各种信息疯狂涌入国内。在引进国际理念时，茅台也需要具备更强的甄别能力，将先进的理念"为短所用"，充分利用"木桶效应"，稳健谋划未来格局。如果片面强调大而全，可能会导致茅台不堪重负，发展艰难。

经济全球化在带来机遇的同时,也带来了挑战。首道关卡就是截然不同的中西方饮酒文化。中国饮酒文化推崇慢酌细饮,而西方饮酒文化更偏向大口痛饮,追求酣畅淋漓,而且西方消费者不习惯白酒风味,难以品尝出白酒之美,这些都是茅台进军世界酒市场的重大挑战。

此外,进入全球经济圈意味着烈酒行业的强力竞争对手更多,市场竞争更激烈,消费者也会更多样。目前制定的战略方案是否足以应对突发事件和潜在危机,茅台是否能够一如既往保持国内优势,一切都是未知数。

最重要的是,茅台一旦进入国际经济循环中,就必然要面对更为复杂和多变的贸易局势、不同的授权模式和关税,这些会给其国际化发展增加成本和障碍。

这些阻挡茅台国际化发展的多重挑战,也是考验茅台定力的试金石。不管前路如何坎坷,茅台正稳步向前,一句"中国茅台,香飘世界"的口号深刻体现出茅台势必要与世界共同发展的胸怀和格局。

茅台酒早已成为中国的一张独特名片,它拥有中国博大精深的传统文化与现代化制造的强大聚合力。

作为中国高质量发展企业的典范之一,茅台不断打造多样化的消费场景,让世界各国感受中国白酒的魅力。多年以来,根据自身战略的发展演进,茅台已在全球各地布局销售网络,在茅台酒与世界各国人民之间搭建了桥梁。除此之外,茅台与国家同心，积极融入"一带一路"倡议，主动在沿线国家进行相关布局，让沿线国家人民通过舌尖感受博大精深的中国文化。

离世界500强还有多远

2021年，中国共产党迎来百年华诞，中国也迎来"十四五"的开局之年，开启了全面建设社会主义现代化国家新征程。经过近半个世纪夯基础、谋发展的潜心奠基，在国家宏观经济利好背景下，白酒行业的发展呈现向好态势，不少酒企纷纷立下更远大的目标。

在"十四五"的开局之年，中国白酒行业公布一则重大消息，将在未来五年内塑造一个世界一流酒企，进军"世界500强"。早在2020年末，在中国共产党贵州省第十二届委员会第八次全体会议通过的《中共贵州省委关于制定贵州省国民经济和社会发展第十四个五年规划和二〇三五年远景目标的建议》中，就明确指出，发挥国有经济战略支撑作用，力争将茅台集团打造成省内首家"世界500强"企业。几乎同时，宜宾五粮液也定下"十四五"目标，即在新的经济格局下全力向"世界500强"奔赴。

在"十三五"收官之际，茅台已给出了耀眼的成绩单——实现万亿市值、千亿年营收与千元股价的既定目标，但尚未能登上世界500强排行榜。茅台距离世界500强企业还有多远？

2021年，茅台集团营收1326亿元，利润851亿元。[一]仅与2021年世界500强企业对比利润总额，茅台相差并不多，但一对比营收，茅台明显还缺少"火候"。从2021年世界500强排行榜不难发现，准入门槛为年营收240亿美元，折合人民币约1610亿元。[二]

就食品饮料行业而言，在世界500强企业排行榜中全球共有8家相关企业上榜，其中瑞士雀巢公司凭借899亿美元（折合人民币约为6030亿元）的年营收排名第79位，位居食品饮料行业榜首。而中国唯一上榜的相关公司是中粮集团，以768.556亿美元年营收排在第112位。[三]此外还有百事、达能、可口可乐等企业。这在一定程度上说明，我国食品饮料企业仍有冲刺世界500强企业的机会。

通过与世界500强企业排行榜的准入门槛对比，以及与世界500强企业排行榜中食品饮料行业的企业对比，能够清晰地看到，茅台步入世界500强企业行列还有很长的路要走。仅跻身排行榜并不是茅台的最终目的，向食品饮料行业"冠军"乃至其他一流企业看齐，才是茅台的最终目标，这也是茅台保持定力，持续向巅峰冲刺的动力之一。优秀的企业越是风高浪急，越是积势蓄势，在茅台乘风破浪之时，其他企业也在努力驾驶

[一] 摘自新浪财经的《贵州茅台：贵州茅台2021年年度报告》。

[二] 摘自财富中文网的《2021年世界500强排行榜》。

[三] 摘自界面新闻的《2021年世界500强出炉：疫情下雀巢、百事、达能等排名生变，两家中国食品企业上榜》。

顶风船，世界500强企业的未来排行榜值得期待。

未来五年内，茅台该怎么做才能达成预期目标，成功挺入世界500强企业排行榜？

茅台集团内部人士透露："按照我们'十四五'的战略规划，在5年之内要再增加1000亿元年营收，'十四五'末要达到2000亿元年营收。"基本符合茅台对外发布的"双翻番、双打造、双巩固"的发展目标。

用五年达到2000亿元年营收并不是一件轻松的事情。2019年末，茅台的年营收首次突破千亿元。而这千亿元营收的达成，茅台花了60余年。"十四五"期间，茅台要超越过去60余年的成果，就需要跳起来摘桃子。

年营收只是成为世界500强企业的敲门砖，想要真正成为世界500强企业之一，茅台还需要努力成为内外兼具的超大规模公司。从世界500强企业排行榜可以发现，不少企业的内部管理体系十分先进。茅台内部人士坦言，茅台和世界500强企业的管理水平相比还有很大差距，他说："对标世界一流企业，然后结合茅台的自身特色来提升管理能力，是我们目前需要做的事情。"

面对挑战，茅台充满自信。为实现业绩增长，营销渠道改革成为茅台的突破口之一，茅台将业绩增长的发力点，放在直营方面。

从2018年起，茅台就开始对传统营销方式进行大刀阔斧的改革，不仅清理了冗杂繁重的传统渠道，还对经销商采取了

"减配额"等一系列措施，同时表明在今后一段时间内，茅台将不再新增专卖店、特约经销商与总经销商。不仅如此，茅台还积极推进营销渠道"立体化"，不断加快与电商、商超等直销渠道商的合作。

面对营销渠道的改革，茅台集团高层曾明确表示，茅台在市场渠道方面的统筹能力还远远不够，社会渠道、自营渠道与直营渠道之间的"互补效应"还未显现出来。在未来五年，茅台将以满足终端消费为出发点与落脚点，不断深化营销体系改革，同时不断稳固53度飞天茅台酒的价格，保证茅台的长期利益。

要达到世界500强企业的规模，需要强大的管理做后盾。在国资委的要求下，茅台分别在战略、组织、人事、创新、财务、信息化等多个方面向世界一流企业学习借鉴。除此之外，茅台还结合自身特点，在品质、安全与环境方面努力向世界顶尖企业看齐。

茅台距离世界500强企业还有多远？从营收要求来看，茅台在时代红利的影响下，加上自身的稳健发展能力，五年之内挺进世界500强企业排行榜是可以预见的。但茅台的管理改革犹如大象跳舞，能否将自身管理能力提升至世界500强企业水准，也决定着未来茅台是否能跻身世界500强企业。

中国白酒产业周期新阶段

白酒产业的成熟期

行业的生命周期指行业从出现到完全退出社会经济活动所经历的时间。通常情况下，一个完整的行业生命周期主要划分为四个阶段，即起步期、成长期、成熟期与衰退期。这与白酒行业周期轮转不谋而合。

从中国百年消费周期变化，可以看到我国各行业的发展趋势。中华人民共和国成立之际，我国各行业在国家政策扶持之下起步发展。改革开放后，在宏观环境的利好下，我国各行业如雨后春笋般迅速成长。经过几十年的发展，各行业基本已经形成内部层级关系，发展路径也从追求规模走向追求质量。

我国白酒行业历经三次深度调整与消费升级后，也逐步由成长期走向成熟期。白酒行业的每一个生命周期都具有不同特征，起步期往往靠规模大、产量大来满足人们的基本需求，成长期就通过媒介树立品牌，在广告效应红利下获得发展，成熟

期则以消费升级为导向，迈上品质至上、分化加剧、集中度提高的新台阶。

在此特征下，行业的"二八定律"更为凸显。贵州茅台、宜宾五粮液、江苏洋河等具有较强影响力的品牌几乎占据了八成以上的白酒市场，其余规模较小的白酒品牌则奋力争夺余下的市场份额。白酒行业市场份额向头部企业集中这一现象，推动头部企业收入规模大幅度增长，拉开了与中小规模白酒企业的差距。

我们可以通过不同档次白酒在成熟期的发展状况，进一步观察白酒行业在成熟期的表现。

首先聚焦于高端白酒阵营。

自我国白酒行业历经三次深度调整后，不少规模较小的企业或被兼并，或走向破产，相较之下，高端白酒的竞争优势更为凸显。在2016—2020年间，贵州茅台、宜宾五粮液与泸州老窖的总营收从730.03亿元增长至1719.67亿元，年均复合增速达23.89%。同时，我国高端白酒营收在白酒行业中的占比也由11.92%增长至29.47%。[一]

这释放出一种信号，无论我国白酒市场的集中度，还是市场份额都在进一步向以贵州茅台、宜宾五粮液为代表的高端白酒头部企业聚拢。2016—2020年间，以贵州茅台、宜宾五粮液、江苏洋河、泸州老窖及山西汾酒为白酒CR5（五个企业集中率）

[一] 摘自贝壳投研的《贵州茅台：峥嵘七十载，万亿白酒龙头行稳致远》。

衡量标准，它们的营业收入在白酒行业中的占比从15.44%提升至35.48%，连续五年保持增长状态。[一]

另外，这一时期白酒行业的竞争壁垒逐步提升，而其壁垒的表现形式主要是品牌力、产品力、渠道力、价格力等。对于贵州茅台、宜宾五粮液、泸州老窖等具有核心竞争力的几家高端酒企而言，差异化的经营使它们在未来行稳致远。

除了人们耳熟能详的几个高端白酒品牌，一些非高端白酒企业为抢占市场份额，也在不断推出高价产品向高端市场挺进，但由于品牌力、渠道力等壁垒限制，很难在短期内被消费者接受。尽管高端白酒领域的竞争格局较为稳定，但部分非高端白酒企业依旧在向高端市场挺进，促使高端白酒企业不能懈怠。

其次是次高端白酒阵营。在白酒行业成熟期，我国次高端白酒也有很大发展空间。近年来，各名酒企业为争夺高端白酒市场，不断提升高端线产品价格，塑造高端品牌形象。这一举动给高端酒与中端酒之间留下空白带，给300～600元的次高端白酒留下发展空间。

同时，在社会经济发展与国民财富的累积下，消费升级使白酒的价格呈上升趋势，且品牌消费具有不可逆性。除此之外，面对高端白酒的提价，其余资源、规模有限的白酒企业多选择在次高端白酒地带扩容，并以原有主力品牌抢占中低端市场，依靠推出新品牌进军高端市场。

[一] 摘自新浪财经的《峥嵘七十载，万亿白酒龙头行稳致远》。

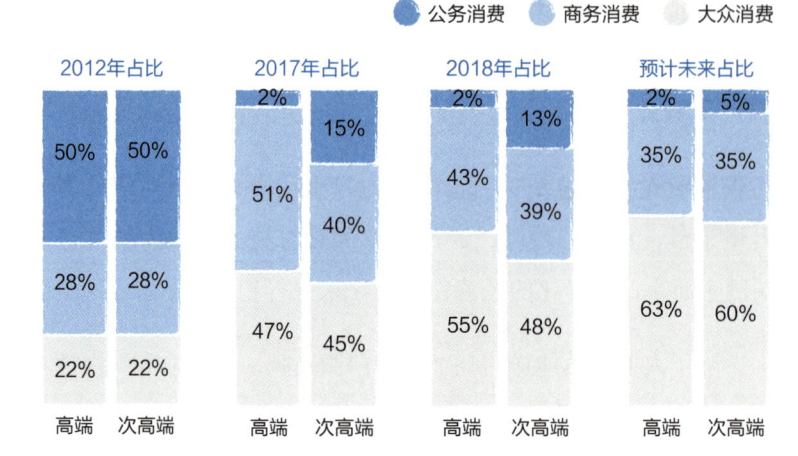

	2012年占比		2017年占比		2018年占比		预计未来占比	
	高端	次高端	高端	次高端	高端	次高端	高端	次高端
公务消费	50%	50%	2%	15%	2%	13%	2%	5%
商务消费	28%	28%	51%	40%	43%	39%	35%	35%
大众消费	22%	22%	47%	45%	55%	48%	63%	60%

大众消费逐渐支撑高端、次高端白酒市场[一]

自此,加入次高端白酒阵营成为不少酒企的发力目标,令次高端白酒市场的竞争态势异常激烈,丝毫不亚于高端白酒阵营,就连贵州茅台、宜宾五粮液等全国性白酒品牌也贯彻多元化战略,纷纷推出次高端单品壮大自身腰部力量。

就茅台而言,酱香酒公司所推出的贵州大曲60年代、茅台王子生肖酒等,将是茅台占据次高端阵营的重要力量。四川剑南春、山西汾酒等则通过在次高端白酒市场重点布局来巩固行业地位。

最后是中低端白酒阵营。中低端白酒价格带在300元左右,不同于高端、次高端白酒具有相对奢侈的属性,它几乎不具备收藏价值。因此,中低端白酒的市场需求偏刚性,主要用于自

[一] 来自川财证券。

饮、宴席等场景，其受众对价格敏感度也较高。

2012年后，受白酒行业第三次调整影响，高端与次高端白酒市场规模大幅度萎缩，中低端白酒市场规模则较为稳定，吸引了不少酒企进驻中低端白酒市场。但随着社会经济与国民消费的回暖，白酒市场已经呈现出中低端白酒逐步被高端、次高端白酒取代的趋势。由此，我国中低端白酒企业迎来挤压式增长阶段，中小酒企加速出局，这些酒企的数量持续下降。同时，2011年中低端白酒占行业主营业务收入的比重为79.4%，2018年下降至65.2%。[一]

在成熟期时，中低端白酒也呈现出向头部集中的趋势，例如茅台为培育酱香系列酒的消费者与市场，旗下酱香酒公司推出了茅台王子酒、茅台迎宾酒等产品，让消费者感受入门级酱香风味，适应后再开始品尝和购买酱香酒。

我国白酒行业的成熟期，对我国各种规模的酒企而言，既是机遇，也是挑战。在新周期内，这些酒企能否把握发展机会，不被淘汰，本质上也是各酒企的定力表现。

茅台进入新成长阶段

在白酒行业成熟期，行业环境较之前更好，一是因为经过成长期白酒行业的深度调整，白酒行业结构日趋合理；二是因

[一] 摘自产业信息网的《中国白酒行业发展史分析及2018年中国白酒行业格局市场空间分析》。

为供给侧结构性改革促进了消费升级，使白酒行业进入恢复性发展阶段，增强了发展韧性。

作为我国传统头部白酒企业之一，茅台在行业成熟期内，几乎拥有"绝对"优势。在这一时期，竞争壁垒愈发高筑，具有核心竞争力的头部企业一路高歌，茅台就是极好的例证。

首先，作为白酒品牌代表之一，茅台的品牌文化为其构筑了一道他人难以攻破的护城河。一览全球著名奢侈品，路易威登（LOUIS VUITTON）、香奈儿（CHANEL）、迪奥（DIOR）等能够始终走在奢侈品行列，除了商品的品质过硬和超前的时尚感，更深层次的原因在于品牌文化的沉淀，让消费者为其"气质"买单，尤其是在消费升级的时代。

与全球著名奢侈品品牌类似，茅台也具有深厚的品牌文化。千年酿造工艺的沉淀、改进，经过世世代代的传承，让茅台酒成为农耕文明的延续，从赤水河谷走上世界舞台。

1915年，在巴拿马万国博览会上，装有茅台酒的酒瓶摔碎了，令芬芳四溢的茅台酒凭借绝佳风味拿下万国博览会金奖，第一次走入全世界的视野。红军在三渡赤水时，用茅台酒解乏疗伤，自此茅台酒与"红色文化"结下不解之缘。

中华人民共和国成立后，茅台酒多次出现在国家重大宴会上，更以"外交酒"的身份，促进了中国与多个国家友好关系的建立。随着时间的流逝，茅台的品牌文化内涵也在逐渐沉淀，拥有他人无可比拟的气质，深入消费者内心。与茅台相比，白酒行业中其他酒企，极少有这般深厚的文化底蕴。

其次，茅台在品质上具有核心竞争力。酿造茅台酒的工人们非常自信，他们说："你永远可以相信茅台酒的品质。"购买茅台酒的消费者评价："茅台酒的品质是行业顶尖的。"茅台的投资者说："茅台酒的工艺、品质是其核心竞争力，它的稀缺性与年份特征，也是投资者眼中的宝藏。"

茅台酒作为酱香型白酒典型产品，它的酿造工艺是世界上最为复杂的工艺之一。酿造茅台酒的原料均经过严格筛选，茅台对它们的产地、颗粒大小都有要求。经过2次投料、9次蒸煮、8次发酵、7次取酒，才得佳酿。每一瓶茅台酒，都是时间凝结而成的珍品，从制曲、制酒、勾兑到出厂至少需要五年。时间赋予了茅台酒酱香突出、幽雅细腻的独特口感。而茅台的大质量监管体系与科学技术，也持续为茅台品质赋能，使其品质壁垒更加坚固，强化在成熟期的发展定力。

同样，茅台酒酿造环境的不可复制性，也为茅台品牌和品质建立了高壁垒。15.03平方公里的核心生产区域和积淀在河谷内的大量微生物，以及微量元素丰富的赤水河，都让茅台酒变得独一无二。"离开茅台镇就产不出茅台酒"，极强的地域性也提高了茅台的竞争壁垒。

在产品竞争方面，茅台的确定性优势也十分突出。茅台酒厂自建立以来一直定位于高端白酒，在迈入行业成熟期后，这一定力就释放出良好效应，助力茅台的未来发展。

除此之外，茅台酒的市场份额（按销量计算）也常年位居高端白酒市场首位，茅台酒是高端消费者的第一选择。数据显示，长期以来，茅台、五粮液、泸州老窖合计占据高端白酒市场90%以上的份额，其中茅台的市场份额占比高达60%以上。[一]消费者的选择与茅台品牌效应的释放，令茅台始终领跑白酒行业。在行业成熟期内，茅台还将继续领跑。

最后，在产品结构方面，茅台也展现出在成熟期发展中的不变定力。由于茅台酒的产能具有天花板，茅台酱香系列酒便成为茅台释放产能的增长点。随着"十三五"茅台酒技改项目的完工，茅台酒基酒年产量可以达到5.6万吨的规模。

同时，茅台酱香系列酒也已启动技改项目，每年产量也将达到5.6万吨的规模。"茅台酒+系列酒"的"双轮驱动"让茅台的产能有望实现新高，进而满足消费市场的需求，增加营收，使得业绩稳健提升，进一步巩固茅台的白酒领军者地位。

虽然从大方向来看，茅台在行业成熟期具有稳定发展的确定性，但辩证地看，茅台也面临着一些不确定性。

每一次行业调整都是考验业内企业定力之时。历经三次行业调整，白酒行业已经逐渐走向规范，但政策的不确定性仍然会给一些酒企带来压力。这将促使茅台随时做好应变准备，只有及时跟紧政策，掌握好方向盘，才能平稳穿越这个阶段。

[一] 摘自新浪财经的《食品饮料2022年中期策略报告：在通胀与复苏中寻找机会》。

同时，市场端虽然基本可以确定是头部白酒企业的"天下"，但市场的变化神秘莫测，没有哪一家酒企可以完全掌握市场的规律。茅台也不例外，它需要定时进行市场调研，了解最新市场动态，以便思考如何顺应市场规律，实现利益最大化。

在行业成熟期，茅台要想让所有"不确定"变为"确定"，是充满挑战的，茅台决胜的根本在于守住定力，坚持发展的内在逻辑。

"稳"是茅台"十四五"的核心

2019年，茅台在白酒行业长期结构性机遇下，坚持高质量发展，踏入了"千亿"营收大门，提前一年实现"十三五"规划的既定目标。在新冠肺炎疫情冲击下，尽管国际国内经济形势受到挑战，但茅台依然遵循高质量发展规律，圆满完成任务。

2021年是"十四五"开局之年，我国将在新的经济格局下，秉承乘风破浪的精神，继续建设社会主义现代化强国。

为与国家发展同频共振，我国各行业早已蓄势待发。白酒行业紧跟国家步伐，围绕供给侧结构性改革发力，努力全面迈入现代化，向高质量发展转变。在各酒企的"十四五"规划中，茅台、五粮液以冲进"世界500强"为目标，一致向2000亿元年营收冲刺，汾酒、古井贡酒等白酒企业也确定了各自的年营收目标。古井贡酒表示，力争在"十四五"末实现年营收超200亿元的目标。

面对未来五年实现年营收2000亿元的挑战，茅台给出了八个字——"稳"字当头，"实"字托底。其背后的逻辑是，长期的高速增长既不符合经济规律，也不符合企业的发展要求，稳与实才是当下茅台需要坚守的。茅台会保持稳健的基调，紧盯年度目标，围绕"力争将茅台打造为省内首家世界500强企业之一"的战略目标，开启高质量发展的新征程。

茅台是如何将"稳"贯彻于具体的战略执行的？在公开场合的表态中，茅台不止一次强调，质量是生命之魂，以提高市场工作质量与效益为中心，集中力量抓重点、补短板、强基础，多措施并举释放新营销体系的强大效能。

营销体系在2000亿元的年营收目标中扮演着至关重要的角色。未来五年，茅台将在营销方面坚定不移地保稳定、促发展，实现基础稳、品质稳、政策稳，推动市场稳、价格稳、发展稳。

人心是稳健发展的基础。要想在"十四五"的道路上走得更加稳健，营造"一盘棋、一条心、一股劲"的浓厚氛围成为茅台的首要任务。

茅台要全力构建规范高效的新营销体系，在原有营销体系基础上进行改革是必然的事情。同时，营销体系改革并不是一蹴而就的，需要跟随市场现状不断优化。对茅台而言，这是筑牢根基、防范风险及行稳致远的现实需要。事实证明茅台对营销体系的改革，保持了大局的稳定性，抵御了经济波动给茅台带来的冲击，保证了稳健发展的势头。这些已有的成果将消除茅台原有的疑虑，使之在营销体系改革上迈出更坚定的步伐。

在此基础上，茅台将聚力打造一支"过得硬、信得过、顶得上"的营销队伍，并将营销队伍建设作为重要战略任务。营销系统是茅台的"攻坚队"，经销商与营销员长期扎根于市场一线，他们是茅台未来高质量发展的中坚力量。他们的行动，将决定茅台在未来五年甚至更长时间内是否能够实现稳健发展。"提素质、补短板、树形象"将会成为茅台打造精英营销队伍的主要方向。

一方面，茅台不断筛选销售公司的各层级优秀人员，通过多种培训方法，全面提升他们的市场统筹、建设与服务能力，进而提升茅台市场工作的质量与效益；另一方面，茅台也为经销商群体提供相应支持，分级分类进行专业培训，传递茅台的发展共识，以便经销商在市场工作中实现对消费者的精准传播，提供更高质量的服务。同时，为保障茅台酒市场稳定发展，茅台还加大了对销售点的监管力度，确保其坚守发展底线。

如上所述，全力构建规范、科学、高效的新营销体系对茅台具有非常重要的战略意义。为实现"十四五"期间持续稳健发展，茅台从多方面入手，使营销体系更为完善。

当下，茅台的营销体系还未充分体现出补足功能，究其原因还是制度不够完善、权责不够清晰、机制不够灵活。为此，茅台以营销公司为切入点，做到集团、股份公司两套体系并

行，明确其权责边界，进一步推进营销渠道的扁平化，提高综合发展效益，做到多方利益平衡。

再者，茅台也需要对渠道管理进行优化。在营销体系改革后，茅台形成了线上、线下渠道与新、旧经销商共同组成的立体化营销格局，并在内部机制上不断健全制度体系，在外部管理上进一步完善电商平台与商超的管理制度，为市场稳健发展打好基础。

为保持未来的稳健发展，茅台还需要全面提升自身的竞争力、创新力、控制力与抗风险能力。为此，茅台深入市场，始终保持对市场的高度敏感，紧紧把握行业态势，缓解供需压力，使茅台能在任何突发情况下拿出解决方案。同时，基于茅台营销渠道的立体化设置，茅台还必须对资源进行优化配置，坚持"管好存量，用好增量"，以直营渠道为重点，加大直营渠道投放力度，填补市场空白，充分实现错位发展。

在稳健的发展趋势下，2021年贵州茅台实现年营收1061.9亿元，同比增长11.9%，各项经济指标稳中求进。值得一提的是，当年2月10日，贵州茅台股价一举突破2600元，总市值突破3万亿元，首次登上A股股价和市值的双冠王。⊖

"开门红"给茅台在"十四五"期间的稳健发展带来巨大信心。以问题为导向，将基础做实，成为茅台在"十四五"时期行稳致远的有效助力。

⊖ 摘自新浪财经的《贵州茅台：贵州茅台2021年年度报告》。

打造世界一流产区

企业与产区双向赋能

在白酒行业内流传着这样的说法:"产区之名源于名酒之名,名酒之名源于产区之本;名酒品牌离不开产区品牌,产区品牌离不开名酒品牌。"从名酒与产区之间的双向赋能来看,产区能够赋予企业乃至产业集群巨大的生命力,而企业坚守定力,毫不动摇地选择固定产区酿制名酒、打造品牌,并在此基础上产生深远的品牌影响力,也是产区能够产生集群效应的根本。

产区的崛起与发展能够为企业提供相对稳定的大环境,使企业在有序的大结构下,创造更大的经济效益。就像茅台和茅台酒产区一样,得天独厚的自然环境赋予了茅台酒丰富的风味与口感,茅台也一直扎根于此,坚定地扩大这一产区优势,积极发掘企业在产区优势下的最大潜力,最终创造了巨大的经济效益和社会效益。

来自国际产区的启示

纵观全球高端酒类产业的发展，优质好酒与优质产区总是密不可分，优质产区甚至逐渐演变成全球酒类消费者挑选商品的重要标准之一。同时，酒企与产区的绑定，也有利于酒企更好地依托地域优势加快发展，塑造更广泛的品牌影响力。

以红酒为例，世界范围内知名的红酒产区有法国波尔多、意大利托斯卡纳、美国纳帕山谷、智利卡萨布兰卡谷、澳大利亚布鲁萨山谷、南非开普敦等。这些著名红酒产区因独特的土壤条件、适宜的气候特征、优质的葡萄原料等区位优势声名远扬，它们出产的红酒几乎占据了世界高端红酒的半壁江山。

再以世界知名烈酒为例，人们提及白兰地就会联想到干邑，提及朗姆酒就会想到波多黎各，提及威士忌就会想到苏格兰，提及伏特加就会想到俄罗斯。这些烈酒已经实现了与产区的绑定，它们透露出一个共同讯息：产区效应比人们想象中的作用更大、更广，不仅能提高企业知名度和品牌力，还可以成为核心营销点。

法国葡萄酒产业集群在世界上遥遥领先就是得益于产区和品牌的相互赋能。各葡萄酒品牌将葡萄与自然环境、人文环境完美融合在一起。如波尔多作为法国葡萄酒三大代表产区之一，主要生产以赤霞珠、美乐、品丽珠为原料的调配酒，这里的葡萄酒庄园大多以家庭为单位，且每一个都拥有不同的传奇故事。拉菲酒庄、奥比昂酒庄、玛歌酒庄等享誉全球的酒庄均位于波尔多。

再看干邑的白兰地。干邑利用原产地保护，通过将产品、区域、酿酒师等元素融合汇聚，逐步实现了产区内各品牌的质量标准升级。香味浓郁的人头马、口感醇厚的轩尼诗、酒质超群的马爹利等强大品牌，均可被看作干邑产区与当地企业集群相互赋能的优秀成果。

中国白酒产区崛起

一方水土养育一方人，一方水土酿造一方美酒。自古以来，几乎所有名酒都离不开好山、好水、好粮、好果，很多白酒的名字皆源于原产地，也从侧面证明了白酒酿造对自然环境的依赖程度。

白酒的生产过程与农作物种植极为相似，一瓶酒的好坏与它的原料、水源、土壤、微生物等酿造生态环境要素密切相关，想要生产高质量的好酒，就离不开适宜的酿造环境。

随着消费结构升级与白酒行业调整，白酒产区变得愈发重要。酒类产品的风味、口感、工艺与产区，都是消费者购买白酒的重要考量因素。不同的酿造工艺会成就不同香型的白酒，即便是同一香型，也会因为产区不同而风味各异。如果排除价格、包装等变化的因素，让消费者在众多同类香型白酒中选定一个品牌，那么不变的产区将是消费者考虑的一个重要因素。

2017年11月，"世界十大烈酒产区"名单出炉，在这份由全球酒行业的顶级专家评选出的名单上，中国知名酒乡宿迁、

亳州、遵义、宜宾、泸州、吕梁，与世界知名产区苏格兰、干邑、波多黎各等共同在榜。

此次评选以产量、产值、酿酒原料、酿酒生态、质量管理水平、酿酒科技水平、是否为非物质文化遗产、酿酒历史、酿酒文化、品牌影响力等业内专业衡量维度为标准进行评选。专家组对此次申报评选的全球20多个酒类产区进行了系统、严格、全面的考核，经层层筛选后才将此份名单敲定。

在这份"世界十大烈酒产区"名单中，中国白酒产区占据六成，在数量上几乎以"压倒性"优势胜于国外烈酒产区。我国是全球最大蒸馏酒市场及烈酒消费潜力增长最快的国家，我国的白酒产区能够跻身十强，获得全球烈酒市场的肯定，为我国白酒行业的全球化扩张提供了强劲动力。

打造赤水河酱香型白酒核心产区

我国酱香型白酒产区主要有茅台镇产区、赤水河产区、长江上游川派产区和以湘、桂、鲁等地为主的其他产区。其中，茅台镇产区与赤水河产区，有紧密的关联。

关于茅台镇产区面积的统计始于2000年，当时茅台向贵州省人民政府提交了关于划设茅台酒原产地范围的申请，首次将茅台镇7.5平方公里土地划为贵州茅台酒原产地。

事实上，茅台早在20世纪70年代就已开始了对开辟产区的探索。当时，茅台酒的生产由国家统一调配，国家曾给茅台下达"产出一万吨"的指示，可茅台最初的产区仅限于茅台镇部分村落，产能十分有限，1974年茅台酒的产量仅为664.5吨。要达到规定产量，就需要扩大茅台酒产区。由此，数次以拓展茅台酒产区为目的的异地实验就此展开。

其中规模最大的一次，是在距离茅台镇百公里外的遵义市郊进行的。实验组选取了与茅台镇极为相似的自然环境，在酿制工艺、设备原料、工序流程等方面完全复制茅台酒生产模式，甚至将一整条茅台酒生产线挪至试验点。然而，十年左右的科学实验最终证明，离开茅台镇无法酿出茅台酒，茅台镇拥有无法复制的自然环境和微生物生态，是酿制茅台酒极为珍贵的产地资源。

自此，茅台开始意识到地域性产区保护和产品认证的重要性。在贵州省明确划设茅台酒产区的同年，原国家质量监督局批准对茅台酒实施原产地域产品保护措施，这标志着茅台酒成为中国第一个白酒品类地理标志产品。

2010年5月，原国家质量监督局通过了茅台调整地理标志产品名称及保护范围的申请，将茅台产区范围扩大到15.03平方公里。这不仅为茅台进一步突破产能界限夯实基础，也促成了茅台镇酱香酒产区雏形的确立。

正是这15.03平方公里的茅台酱香酒核心产区，成就了茅台与贵州酱香酒的发展。如今，随着企业不停地发展壮大，曾经由三家烧房构成的茅台酒厂已经成为世界三大蒸馏酒企之一。

而在茅台品牌势能牵引下，茅台镇也成为国内首屈一指的酱香酒产业集聚地。茅台酱香酒核心产区与整个赤水河产区相辅相成，以茅台镇为核心形成产业聚合，使之成为全国酱香型白酒最集中的产区之一。

有中国酱香型白酒黄金产区之称的赤水河产区，由川黔两地酱香型白酒企业共享资源。2020年6月，在以"同心同向·聚势前行"为主旨的《世界酱香型白酒核心产区企业共同发展宣言》签署仪式上，茅台、习酒、郎酒、国台等7家赤水河产区酱香型白酒企业，成功起草并签署了这份宣言，使赤水河产区汇聚了川派酱香型白酒和黔派酱香型白酒，形成跨行政区域的世界酱香型白酒核心产区，在原有基础优势上，将赤水河谷打造为世界名酒产业带，使其知名度和影响力再上一个台阶。

自"世界十大烈酒产区"名单发布后，中国酒业协会在2018年发布"世界十大烈酒产区名牌"榜单，在遵义产区中，茅台是大曲酱香型白酒的名牌。

然而，打造赤水河酱香型白酒核心产区之路，仍任重道远。在多种香型白酒的生产中，酱香型白酒相较于其他香型白酒，对生态环境的依赖程度更高，而人类日益频繁的生产活动让赤水河的生态环境接连受到挑战。这对产区发展是一大威胁。茅台集团高层曾说："酱香酒企业在规划布局时，要充分考虑区域的生态与自然压力，一定不能因产量和市场的发展改变标准。"

时至今日，茅台镇内仍然有一些小酒企铤而走险，制作低成本的"窜酒"，用丢弃的酒糟加入食用酒精蒸馏制成新酒。尽管当地政府严厉打击这一现象，但以次充好的行为依然存在。这不禁令人担忧。若无法禁止这一现象，势必会影响茅台镇酱香酒的声誉。

同时，有不少小酒厂并没有规范的生产标准，生产的白酒质量忽高忽低，不仅存在严重的食品安全隐患，还阻碍了当地正规中小酒企的发展。类似乱象若不加快整治和肃清，届时茅台对世界烈酒产区的建设将备受阻挠。

另外，茅台镇上还有酒厂仿制茅台酒，仿制酒从酒瓶到外包装与茅台酒几乎无差别，这样的做法不仅毫无特色，且缺乏质量保障，容易影响茅台的品牌声誉。

一位白酒行业资深人士就以上问题提出建议："白酒是很容易'受伤'的行业，如果不进行风控和防范很容易出事，贵州白酒产业在谋发展的同时，要对风险防控高度重视，加强基础建设，完善管理体系。"㊀

国外优秀酒类产区的打造，给赤水河酱香型白酒核心产区打造提供了参照模板和启示。要在合理发掘产区潜力和优势的前提下，发挥产区赋予企业的最大价值，明确企业与产区之间相辅相成的关系，主动积极作为，保护产区内的自然生态环境和产业发展态势，打造产区的辨识度和竞争力，在发展好产区的基础上，大幅提升企业的效益。

㊀ 摘自第一财经的《贵州白酒产区化发展：缺的不是产能，而是规范化》。

具体来说，在监管上，出台相关规定进行严格管理；在发展上，实行差异化发展战略，促进大小酒企协同发展；在各方关系上，做到政企协同，共同保护赤水河的生态环境，实现良性循环。

此外，2020年11月，仁怀市发布了关于冻结茅台镇、美酒河镇部分村（居）民组建设审批等事宜的通告，其中要求暂停茅台镇、美酒河镇部分地区的建设项目，以便减少无序开发带来的环境破坏、资源损耗等问题，保护地方白酒企业的可持续发展。[一]

作为酱香酒领域的头部企业、地方酒企代表，茅台如何发挥好引领作用，规范产区的发展秩序，形成正确高效的价值引领，成为业界人士持续关注的问题。

秉承"命运共同体"的价值理念，茅台将发挥自身效应，坚守定力，推进核心产区内酒企生产与质量认证体系的建设，去粗取精，去伪存真，努力提高科技创新水平，助力产区其他酒企打造出独具一格的核心竞争力。同时，茅台将参考世界其他烈酒产区，做好产区文化建设，推动"酒+文化"的发展，带动行业建立良好发展模式。

当然，若要发展为全球知名的优秀产区，顶层设计不可或缺。这有赖于地方政府的积极作为与当地企业的全力配合，制定比国家标准更加严格的地方性法规，规范企业的发展，让生

[一] 摘自雪球网的《关于茅台核心产区的资料整理》。

态环境成为产区最核心的资源，提高产区的整体竞争力。

聚力做强贵州白酒品牌集群

如今，创造具有全国乃至世界影响力的品牌集群已是现代产业成功的重要标志之一。米兰的时装业、硅谷的信息业、华尔街的金融业等均是典型代表。酒类产业亦是如此，全球各大知名酒类的酿造产区都有强大的品牌集群在做支撑。

品牌集群的优势在于能够让多个具备共同特质的企业有机配合，形成强大的集群竞争力，放大产业优势。例如，在茅台强大的品牌影响下，稀缺性、唯一性及优质、高端等已成为消费市场对酱香酒产业的特有印象，推动了酱香酒产业发展。良性发展的品牌集群为企业坚守定力保驾护航，助力企业稳健发展。

但宝剑有双锋，品牌集群也存在风险。随着品牌集群的发展，地域间、企业间的关系愈发紧密，一个小举动就可能产生牵一发动全身的联动效应。某一个品牌的不良行为很可能给集群带来严重打击。在这样的情况下，就要求集群中的企业自觉、自律，坚守发展定力，认清正确的方向，持续做大优势，抵抗诱惑，维护集群发展。

打造贵州白酒品牌集群

打造品牌集群的态势，在全国遍地生花。在四川、山东、安徽等白酒企业集聚的省份，当地政府高度重视白酒产区的建

设，实施一系列政策引导品牌集群的打造。

以我国最大白酒品牌输出区域——川酒产区为例，在《推动四川白酒产业高质量发展的若干措施》中明确提出，要推动产业集聚发展，在产区与品牌的优势带动下，打造全国白酒全产业链示范区，因此川酒各大产区依据各自的条件，走出了独特的川酒之路。目前，四川已经涌现以"六朵金花"为代表的国家级白酒品牌集群，极具世界品牌集群潜质。

在泸州地区提出的"六个打造"中，明确提出打造世界级白酒企业集群，打造世界级优质白酒品牌集聚区，以抢占未来白酒产业发展的高地。宜宾也在白酒产业的发展规划中明确提出，要打造"世界优质浓香白酒主产区"，大力实施品牌集群、质量品牌和创新驱动三大发展战略。

在赤水河边，天然形成的中国酱香型白酒产业的摇篮，素来也是酱香酒品牌的聚集地。这里聚集着全国80%以上的酱香酒产能，若单纯看营收，在这一条长60公里左右寸土寸金的河谷两岸，光是2020年的年营收总额就超过1300亿元。[一]

在"酱酒热"的影响下，外部资本疯狂涌入茅台镇进行布局。同时，不少业内主打其他香型的酒企们，也想要在"酱酒热"中分一杯羹，大举进军酱香酒市场。这些外部资本和企业，迫切希望在这场热潮之下，打造出更多具备竞争力的酱香酒企业新秀。

[一] 摘自雪球网的《失衡的赤水河，"左岸"还有多少机会？》。

正是大量资本的注入，助力一众中小规模的酱香酒企业在茅台镇敢于拓宽思路，从创新型营销方式、特色品牌宣传等角度出发，积极谋求自身发展，这些动作也在无形之中有力推动了酱香酒上下游产业链的繁荣。

同时，酱香酒的细分市场也随着近年大量的资本注入逐渐完善，为酱香酒品牌集群的崛起提供了支持。贵州酱香酒的品牌阵营一超多强、小厂开花的格局已经形成。

茅台处在品牌集群的高地，凭借其极高的品牌价值，一马当先地占据了酱香酒第一阵营与高端白酒市场。通过充分发挥自身的资源优势，带动了当地各规模酱香酒企业的发展。在贵州省的"十四五"规划中，明确指出将出台支持白酒产业健康发展的政策措施，打造酱香酒的品牌梯队，以贵州茅台集团为首，形成一批具有品牌优势与竞争力的强优企业，聚力做强贵州白酒品牌集群。

随着政策的落地，贵州白酒产业必须时刻保持清醒的头脑，把握好机遇，建立以茅台为首的酱香酒品牌集群，不断完善产区功能设施建设，提升企业的现代化运营水平，在赤水河的哺育下，孵化出更多优秀的白酒企业与品牌。

茅台引领品牌集群

知易而行难，在现有格局的基础上，茅台作为黔酒地区的头部企业该如何与当地酒企共同联手，将贵州白酒品牌集群与产区做到世界一流水平？

2020年6月8日，由贵州茅台、四川郎酒、贵州国台、贵州珍酒等一众国内声名赫赫的酱香型白酒企业联合举办的"同心同向·聚势前行——世界酱香型白酒核心产区企业共同发展宣言签署仪式"在茅台镇盛大开幕。

在此次签署仪式上，茅台与众多酱香酒兄弟企业达成"凝聚贵州省酱香酒企业力量，实现可持续发展"的行业共识，并将构建"生态基础最牢固、生产工艺最独特、产品品质最卓越、标准体系最权威、产区品牌最响亮、酱香文化最鲜明"的国际一流产区作为各企业发展的重要前进方向。

凭借强大的品牌塑造力与核心竞争力，茅台在世界烈酒行业中，有着极高的地位和广泛的影响力。茅台将与产区内的各酒企并肩同行，精准把握高质量发展中的全新机遇，惠利兄弟企业和中国白酒行业。

茅台对品牌集群建设有着显而易见的影响。

在品质方面，茅台的产品质量管理体系在整个白酒行业中位于前列。茅台会与相关部门、行业协会及各酒企联合起来，共同探讨并建立贵州酱香型白酒的质量标准体系，真正依托品质把贵州白酒品牌做大、做精。

茅台集团的资深管理人员也表示："产品品质是贵州白酒最核心的竞争力，任何时候都要共同维护好这块'金字招牌'，这是所有贵州白酒企业需要共同肩负的责任和使命。"

在生态方面，茅台也将持续发挥好领航作用，围绕赤水河流域产业带，从产地、品质、品牌和文化等多重维度，丰富核心产区的内涵与外延，全力提升世界酱香酒产业集聚区的辨识度，积极响应"双碳"政策，共同保护好赤水河流域生态环境。

在文化方面，茅台将持续发挥其文化叙事的优势，深入挖掘酱香酒的文化内涵，再度强化企业自身和中国白酒的国际市场辨识度。

随着贵州酱香酒品牌集群的构建，在消费升级的时代背景下，更多企业的发展潜力得到释放，其他优秀的品牌也在不断崛起。随着酱香酒的核心产区影响力不断扩大，如何凝聚发展力量也成为各酒企需要思考的问题。

对于茅台而言，需要坚持自身定力，积极挖掘市场潜力，推动行业发展，让产区各企业始终保持共同发展的态势，才能在新时代有新作为。茅台将和各酒企携手奋进，实现贵州白酒品牌集群的良性循环发展，为增强中国白酒的影响力注入一份内生动力。

后　记
茅台能应对未来的挑战吗

2021年，正值茅台酒厂成立70周年。70年来茅台风雨无阻，砥砺前行，与祖国同心同向，从一家基础设施薄弱、生产条件落后的聚合式酒厂，发展为中国民族企业的先锋代表、现代化企业的标杆之一。茅台酒从赤水河的小山谷走向全国迈向世界，成为与苏格兰威士忌、法国科涅克白兰地齐名的世界三大蒸馏名酒之一。

2021年也是贵州茅台上市20周年。其间，茅台曾超越世界洋酒巨头帝亚吉欧成为全球市值最高的烈酒企业，也曾超越可口可乐，成为俯瞰全球食品饮料市场的第一股。上市20年，茅台集团实现了产能近10倍、营收近100倍、净利润近187倍的跃升。

跨越时间长河，茅台以稳健的定力创造了诸多举世瞩目的商业成就，这些成就是茅台定力厚积薄发的形象阐释，也为茅台以更自信的姿态再度启程提供了动力。

谁能预知未来？谁能把控未来？在过去白酒行业周期的轮转中，许多不可控的因素让行业发生巨大变化。周期运转永不停歇，新阶段发生的事物还有待探知。如今稳居白酒行业头部的茅台，能够在下一次风口浪尖上守住现有优势和地位吗？

在茅台采访期间，我们问工作人员："您认为茅台未来最大的挑战是什么？"

有人说，担心赤水河沿岸的生态平衡被打破。赤水河沿岸与周边人类的活动轨迹日益增多，生态环境的底线一旦被打破，茅台与产区内的一众白酒企业将会丧失赖以生存的发展之本，曾经的水、空气、微生物、土壤等酿造所需的珍贵资源将不复存在。世界白酒的"星空图谱"中，曾经璀璨耀世的启明星也可能会就此黯淡无光。虽然自然生态系统具备极强的自我修复能力，但漫长的恢复周期和几乎不可逆转的环境破坏，都将给茅台及中国酱香酒产业带来毁灭性打击。尽管白酒企业、政府等始终在奔走呼吁，但保护酱香酒独特且稀有的原产地生态环境，仍任重而道远。

还有人说，茅台未来的挑战是人。茅台的定力构成以人为基础单位，历代茅台人的潜心经营，造就了茅台的文化和精神：始终以酒为主业，始终坚守品质，视茅台为大家庭，关注茅台的可持续发展。随着新鲜血液不断涌入，新一代茅台人和老一代茅台人可能会对茅台未来发展方向有不一样的理解，这可能会稀释茅台原有的文化浓度。

本质上说，茅台属于劳动密集型企业，生产一线的高强度劳动岗位是茅台正常运转的核心。社会人口老龄化趋势越来越明显，茅台一线的人工生产是否会受到影响？当管理团队在关于茅台未来发展的话题上发生冲突，茅台又将何去何从？当人们不再兢兢业业专注于酒，转而选择短期内具有高回报的事物，茅台该如何再创辉煌？

作为观察者，我们注意到茅台在未来发展中将面临的其他挑战。

一是茅台如何与年轻人沟通。年轻一代已成为社会消费的骨干力量，他们掌握了消费力，也就掌握了市场的话语权。因此，茅台只有抓住年轻人的心才能够赢得更多市场，续写茅台的品牌光辉。"茅台品牌年轻化"也是业内外热议的话题之一。

一直以来，我国白酒给人的印象都比较单一，难以与年轻群体直接产生联系。如何读懂年轻人的心，成为包括茅台在内的众多白酒企业不可避免的难题。虽然茅台也正在探索年轻化，并在产品与营销方式等方面向年轻化发力，但尚处于尝试阶段，更深层面的体制与机制创新还亟待构架和突破。同时，人们热议的"茅台品牌年轻化"是否会撼动茅台在现下消费者群体中的主流认知，进而影响茅台未来在消费市场的可持续发展，也亟待探讨。

二是茅台如何巩固自身品牌价值与地位。一方面，纵观我国白酒行业的发展演变，70余年来龙头几经更替，每一个时代都会有更符合时代特征的酒企引领风潮。目前整个白酒行业的资源和市场都呈现出向头部企业集中的趋势，既带给头部企业发展的机遇，也让它们面临更大的挑战，强强对决的竞争态势更加凸显。即便在当下或未来一段时间内茅台仍处于巅峰状态，但行业当中不断涌现的后起之秀和强势老牌酒企的实力仍不可小觑。

另一方面，"酱酒热"利弊共存。茅台作为酱香酒的代表，将与其他酒企携手前进，将酱香酒领域的蛋糕做得更大。但各酒企的关联更加紧密之后，一旦酱香酒领域发生事故，茅台势必也会被波及，导致其品牌遭受损失。诚如茅台集团高层所言，贵州省政府提出的"再造一个新茅台"是一个伟大理想，但茅台镇内屡禁不止的仿制茅台酒之风，在很大程度上损害了茅台酱香酒核心产区的形象。因此，如何巩固自身品牌价值与地位，成为茅台在未来战略布局中所要思考的内容。

三是数字化带来的双重效应。人类已进入数字化时代，数字化并不是互联网产业与高科技产业所专有的，传统行业所面临的诸多痛点也需要借助数字化来解决，白酒行业亦是如此。

在数字化浪潮下，茅台曾率先发起冲锋。从2017年起，茅台大力推广"智慧茅台"，启动全产业链数字化平台建设，其中包含茅台云、茅台数据化两个基础性平台与"智慧茅台"应用中心、原料基地平台等，对生产、销售、管理溯源等方面进行了全面的信息化覆盖，打通了曾经独立的多个系统，让管理变得高效。但是，茅台作为传统酿造企业的代表，遵循传统工艺

是其立足的根基，而平衡传统工艺与创新科技之间的关系，从某种程度上说，也将会是茅台的未来挑战之一。

我们无法窥探未来全貌，种种预判，或许仅是茅台未来挑战的冰山一角。"如何应对未来？"将成为考验茅台定力的新课题，也是一项长期课题。

策划机构

考拉看看
KOALA CAN

考拉看看是中国领先的内容创作与运作机构之一，由资深媒体人、作家、出版人、内容研究者、品牌运作者联合组建，专业从事内容创作、内容挖掘、内容衍生品运作和超级品牌文化力打造。

考拉看看持续为政府机构、企业、家族及个人提供内容事务解决方案，每年受托定制创作超过2000万字，推动超过200部图书出版及衍生品开发；团队核心成员已服务超过200家上市公司和家族，包括褚时健家族、腾讯、阿里巴巴、华为、TCL、万向、娃哈哈及方太等。

书服家
FORBOOKS

书服家是一个专业的内容出版团队，致力于优质内容的发现和高品质出版，并通过多种出版形式，向更多人分享值得出版和分享的知识，以书和内容为媒，帮助更多人和机构发生联系。

写作 | 研究 | 出版 | 推广 | IP孵化

电话：400-021-3677　　网址：Koalacan.com